JN025701

ハピネス・ドリブン・カンパニー

トニー・シェイ
ザッポス・ファミリー｜マーク・ダゴスティーノ｜著
本荘修二｜監訳｜矢羽野薫｜訳｜

ダイヤモンド社

私たちのすべての顧客、社員、
コミュニティのメンバー、取引先、株主に。
そしてこの20年（そして、これから先もずっと）、
私たちの旅に参加してくれたみなさんに
この本を捧げます。

THE POWER OF WOW
by
Zappos

Japanese translation published by arrangement with
Zappos.com LLC c/o Aevitas Creative Management
through The English Agency (Japan) Ltd.

Zappos Company
Purpose

ザッポスの目的

顧客と社員とコミュニティと取引先と株主のすべてに向けて、長期的かつ持続可能な方法でハピネスを提供できることを証明し、世界をインスパイアすること。

要するに、「ワオ!」を体現して提供することだね。

はじめに

サービスを追求し、ティール組織にたどり着いたザッポスの軌跡

監訳者・本荘修二

原題の The Power of Wow が表しているように、本書『ザッポス伝説2・0』には、みなさんを「ワオ！」と言わせる話がいっぱい詰まっています。

私は10年前の2010年に、今回と同じく監訳者（兼訳者）として、日本で出版された『顧客が熱狂するネット靴店 ザッポス伝説』（原題：Delivering Happiness）にかかわりました。そちらは10年にわたって読み継がれる、ロングセラーになっています。普通なら、前作を読んでから新作へとなるのでしょうが、この『2・0』は、前作を読んでいない人ばかりか、ザッポスという会社をまったく知らない人でも大丈夫。間違いなく、面白く読めます。

本書は、ザッポスという会社と同様に、ちょっと変わっています。ザッポスで働く人たちが、会社のことや、携わっている仕事、顧客とのやりとり、仲間との交流などについて自分の言葉で語り、時折、CEOのトニー・シェイがコメント（茶々が多いかな…）を入れます。社員とトップの言葉が絡み合いながら、ザッポスという会社の姿を明らかにしていくのです。そんな本はめ

ずらしいですよね。

しかも、彼らの体験と言葉を通して語られるビジネスへの深い教訓とハートに響くストーリーが、読者の涙腺を刺激します。思わず泣けるビジネス書って、読んだことがありますか？　ハートに訴えかけるエピソードの数々は、読者の心にスッと入っていくことでしょう。ぜひ、心で感じてください。

とはいえ、予備知識を少しだけ最初に記したいと思います。

まず、ザッポスをまったく知らない人のために。

企業文化を大切にし、10のコア・バリュー（価値観）を金科玉条にする、米国のオンライン・シューズショップがザッポスです（現在は、靴だけでなく各種ファッションを取扱っています）。１９９９年の創業以来、顧客に「ワオ！」と言わせるサービス、体験を提供して急成長し、２００９年にユニコーン（会社の値段が10億ドル＝1千億円超）としてアマゾンの傘下に入りました。その劇的なストーリーとハピネスの経営を明らかにした、ザッポスCEOのトニー・シェイ著『ザッポス伝説』は、発表されるやいなや米国でベストセラーとなり、経営者や起業家から一般読者まで幅広い層に支持され、世界各国でも出版されています。

ザッポスでは、顧客の期待を超える、ワオ！と言いたくなるサービスの提供に、全社員が尽力していています。そして感動した顧客がソーシャルメディアでその体験を伝え、ファンがファンを呼んで強力無比な顧客ベースが築かれ、今も成長を続けているのです（本書にもその実例が紹介されています）。

日本でもザッポスの急成長は話題となり、ビジネスパーソンの間で勉強会が開かれたり、米国のザッポス本社を訪問したりする人が絶えませんでした。そして、前述したように、日本で翻訳出版された『ザッポス伝説』は、今日11刷を重ね、ロングセラーとなっています。

ザッポスこの10年表

2018年11月
顧客がつくる
予算編成（CGB）

2018年　2019年

2019年1月
責任の
トライアングル

ところで、会社はいったん成功すると、その状況に満足して安住したり、調子に乗って誤った方向に進んだりすることも多いのが実情です。ところが、そこからさらなる進化に向けて、前進する会社も（数は少ないものの）あります。ザッポスがその代表例です。

ハピネスを目的とし、企業文化を重視した経営で成

ザッポスの自己組織化のステップ

出所 https://hatch.apps.zappos.com/evolve/the-journey-to-where-we-are-today

功し、多くの顧客をファンにしたザッポスは、この10年、どのような道をたどってきたのでしょうか？

図を見てわかるように、2013年以降、ザッポスはホラクラシーやティール組織など、先端的かつ大胆な経営革新に取り組んできました。これらは一貫して「自己組織化」（self-organization/self-management）への挑戦です。つまり、社員一人ひとりの自律的な振る舞いの結果として秩序を持つ、大きな組織をつくり出すことを目指してきたのです。社員一人ひとり、そして各チームが、ベストと思う判断と行動をすれば、生き生きとした組織になります。

階層組織では、風通しが悪くなったり、指示待ち族や何にも専務（何もしない上司）が現れたり、マンガのようなことが現実に起きます。大企業病とも呼ばれますが、多かれ少なかれ、ほとんどの大組織がヒエラルキーの落とし穴にはまってしまいます。成長して組織の規模が大きくなったザッポスも例外ではなく、それが業績にも表れてきました。そのとき、トニーは自己組織化へと大きく舵を切ったのです。

前例のない大規模なホラクラシー

トニーのリーダーシップの下で、ザッポスは2013年からホラクラシーという経営手法の導入に取り組みました。これだけの規模でホラクラシーを全社展開した企業はありません。ザッポスが先駆です。それゆえ、その道程は反発あり混乱ありの険しいものでした。

さらにトニーは、2015年3月に"Reinventing Zappos: The Road to Teal"（ザッポスを再発明する：ティール組織への道）と題する長文メールを全社員に送り、ホラクラシーは目的でなく1つのツールであり、ティール組織を目指すと明言しました。管理職のいない組織への完全移行です。そして、ザッポス社内だけなく社会をも驚かせた「ティール・オファー」（行動を共にできない社員に対する早期退職パッケージプラン）を提示し、18%の社員が辞めていったのです。

本書には、ホラクラシーで悩んだ社員や、ティール・オファーで辞めた人などの生の声が収められています。きっと、こうした新しい経営を志す方々の参考になるでしょう。

ティール組織のその先のチャレンジ

しかし、挑戦はティール組織で終わりません。2017年に「市場ベースのダイナミクス（MBD）」、18年に「顧客がつくる予算編成（CGB）」を矢継ぎ早に導入したのです。ホラクラシーでは予算編成がトップダウンでしたが、真の自己組織化に向け、各サークル（役割を担う組織単位）が社内外の顧客にサービスを提供して対価を得て、その損益に責任を持つことにしたのです。つまり、一つひとつのサークルが、あたかも小さな会社のように経営されるわけです。

そして19年に、「責任のトライアングル」を打ち出します。自己組織化といっても最小限の制約は必要であり、その限られた制約条件には、個人もサークルも最大限の責任を負います。それは、①ザッポスの企業文化と価値観、②顧客にフォーカスしたマインドセット、③顧客がつくる予算編成、からなる三角形です。この３つをしっかり保持して実現している限り、思ったように、好きなように行動してよし。

すると何が起こるでしょう？　起業家精神が芽生えるのです。

次に何が起こるでしょう？　新たなワオ！が、それも人がつながりパワーアップしたワオ！が生まれるのです。

ザッポスならではの人と組織を掘り下げた経営学の刷新

本書には、この10年ほどのザッポス進化の旅路が、リアルなエピソードとともに包み隠さず語られています。なお、ホラクラシーの限界や問題を乗り越え、ティール組織へと進化を遂げられたのは、リーダーシップや方法論だけによるものではありません。

大切な要因はいくつかありますが、特筆したいのは次の点です。

まず、人とのつながり。例えば、ホラクラシーは仕事／役割にフォーカスしていますが、ザッポスは人を重視しているため、責任のトライアングルであらためて「ザッポス社員の誓い」（本書巻末に収録）を基本としてその点を補完しています。また、時間の20％を人とのつながりに使うというポリシーがあります。これは珍しいですよね。

そして、サービス。「たまたま靴を売っているサービス会社」と自らを定義するザッポスは、顧客の期待を超えるサービスをモットーとしており、責任のトライアングルでも、最高のサービスと顧客体験を実現することを強調しています。

この2つは、ザッポスのアイデンティティと言ってもよいでしょう。この2つが相まって、社員同士はもちろんのこと、ザッポスを辞めた人や取引先を退職した人に対しても、つながりを大切にしてサービスを提供する姿が、本書でも紹介されています。

さらに、都市をモデルとして組織ビジョンに取り入れた、トニーの着想が特筆されます。国が滅んでも永続する都市がありますが、最低限のルールはあるものの、基本的に個人や会社が自由に活動する都市に、永続する組織のモデルを見出したのです。これは、責任のトライアングルの背景にある考え方でもあります。トニーは、経営学の理論を書き換える野望を持っているようです。ザッポスの進化は、まだまだ続きそうです。

仕事とは何か、顧客サービスとは何か、ビジネスとは何か、というビジネスパーソンが日々直面しているテーマから、組織、企業経営、社会の目指すべき理想の姿まで、本書から得られる示唆は数多くあるでしょう。でも、頭でっかちになって読まないでください。心で感じながら読み進めると、人とのつながり、サービス、組織のありようについて、シンプルに、実感として理解できるのではないかと思います。

また、本書のようなコンテンツを、自社でまとめてみるのもよい試みかもしれません。自社について新たな気づきを得たり、良さや特徴を社内や関係者（取引先ほか）と共有するなどして、進化につなげることができるかもしれません。

２０２０年８月

はじめに
サービスを追求し、ティール組織にたどり着いたザッポスの軌跡　本荘修二　iv
WELCOME　トニー・シェイ　xviii
introduction　マーク・ダゴスティーノ　xix

PART 1
私たちは最高につながっている

第1章
サービスが中心にある企業文化でつながる　3
赤い靴作戦　4
ザッポスの2つの柱　22

第2章
ザッポス社員のつながる力　31
採用で頼りになるコア・バリュー　32
触れ合うすべての人がカスタマーです　38
個性と個人の成長を大切にする　40
新人研修チームは語る　41

外見は人を欺くときもあります 47
社員、それが私たちにとってのナンバーワン 49

第3章 個性を本当に歓迎する 57
ただちょっと変な会社だと思ってもらいたい 59
小さな共感の大きな効果 65
信頼を前提にした人事部 70

第4章 本当に信頼してもらうためにやっていること 73
クリスマスには社員全員で電話を取る 74
ザッポスブランドの擁護者を生み出す 79
顧客にとって最善の判断、それ以上のことはしない 85
私たちのやり方は完璧ではないけれど 90

第5章 利益を超えたつながりを求めて 93
ザッポス・フォー・グッド 96
良いことをしながら利益を出し続けるために 101
自分に満足するのをやめよう 106

PART 2

私たちは育み、成長し続ける

第6章 表面からは見えないものを発掘する 111

ユニークで意外な才能を発見する驚き 112
ザッポスでは経歴は関係ない 113
野心を持たない私を見出し、出世させる会社 118
ミュージシャンから「ファンジニア」になった 127

第7章 社員が変化を恐れずに向かっていける理由 143

ラスベガスのダウンタウンへの本社移転という冒険 144
ダウンタウン情報誌を作ろう 149
いまの仕事を離れて枠を飛び越える 155
同じ屋根の下に 160
ザッポスのキャンパスに魔法が起きた 163
会社のために誰も犠牲にしたくない 173

第8章 価値観を本気でシェアする 177
私たちには秘密がない 178
世界をインスパイアするという野望 180
みんなで一緒にやっていると実感するとき 185
バスに適切な人を乗せれば、満員のバスは自分で考えて進む 190

第9章 ホラクラシーの大変革! 193
「初期設定」の未来を超えて 194
初めてのホラクラシー 205
ザッポスが迎えた信じられない困難 215
未知の領域、ティール組織 220
ティール・オファーの衝撃 226

PART 3

私たちは自分を新しく創造する

第10章

社内起業の先駆者たち 235

新しいことを始める機会です！ 236
アイデアを社内でスモールビジネスに 238
ホラクラシーの中でまったく新しい仕事をつくる 243
すべてのザッポス社員は起業家になれます 250

第11章

進化のための革命 261

自己組織化への「責任のトライアングル」 262
辞めた私のことをみんなが思ってくれている！ 269
試行錯誤、失敗、そして前進する 274
何もわからなかったホラクラシーを実践できたのは文化があったから 278

第12章
未来はこれから 295
サポートと、思いやりと、レジリエンスが組み込まれている 296
自己組織化のシステムを編み出す 300
エキサイティングな新事業の始まり 310
CGBを支える新しいツール 320
この本は自己組織化の奇跡そのもの 323
ハンドルを握っているのは自分 328
語るべき物語は、これから生まれてきます 330

第13章
ザッポス・アダプティブで起こった奇跡 333
ザッポス・アダプティブは、誰を助けたのか 334
ザッポス社員の誓い 357
謝辞 379
おわりに 385

from Tony Hsieh
WELCOME

よくあるイントロダクションではなく、こんなふうに、コメントで語るスタイルにしてみた。本文中でも同様。折に触れ同じように私からメッセージが届くよ。

この本ではザッポス・ファミリーのほかに、『マグノリア・ストーリー』など数々の著書があるベストセラー・ライターのマーク・ダゴスティーノが協力してくれた。彼は私たちにインタビューをして、文章をまとめ、私たちの物語を1つにしてくれた。

まずは、この本のプロジェクトが誕生したいきさつを、マークに語ってもらおう。

トニー・シェイ　ザッポス・ドットコムCEO

introduction

from Mark Dagostino

より高い目的を求めてザッポスとの旅に出た

楽しかった仕事が、色あせてきたのはなぜか？

今から10年ほど前、ちょうどアマゾンがザッポスという小さな会社と提携の契約をまとめていた頃、私は最初の共著書『MY LIFE OUTSIDE THE RING～わが人生の転落』（邦訳・双葉社）を書いたところだった。伝説のレスラー、ハルク・ホーガンの自伝だ。

当時の私はひどく忙しかった。世界有数の雑誌社でフルタイムの仕事をしながら、家では2人の子どもを育てていた。執筆は「空いた時間」、つまり、毎日午前3時からノートパソコンに向かっていた。

疲労困憊していたけれど爽快だった。やりがいがあった。私の睡眠と家族は犠牲を強いられたけれど、努力は報われた。デビュー作はニューヨーク・タイムズ紙のベストセラー・リストに載り、私は人生最大の決断を、大人になってから最も勇敢な決断を、思い切ることができた。安定した仕事を捨てて、専業のライターとして踏み出したのだ。大好きなことを仕事にして自宅で働くことができるが、次の報酬がいつ振り込まれるかわからない。そういう人生に飛び込んだ。

自分の信念に基づく賭けは、最初はすこぶる順調だった。数年足らずの間に、米大統領候補、スポーツ界の伝説の人物、陸軍大将、ＴＶスターなどの本を立て続けに書いた。仕事は楽しかったが、でも、何かが足りなかった。

やがて、期待したほど売れない本も増えてきた。独立して5年が経つと、それなりに食べていける程度（の収入）にすぎなくなった。自分の決断は間違っていたのだろうか。

そんなふうに思い始めた大きな理由は、わくわくするような仕事の依頼が来なくなった気がしたからだ。私の実績に乗っかって本を出したいという経済人のエゴや、ゴシップやおもしろいエピソードで世間を楽しませて、ついでにカネも儲けたいというセレブの本が増えてきた。

その手の仕事は銀行口座を十分に満たす（かもしれない）が、自分の心も魂も満たされることはなかった。浅はかに感じた。創造に人生を捧げようと決めた私のやるべきことではない。そんなふうに感じた。

「もう、インスパイアされる本しか書かない」と決めて、生まれたベストセラー

私が本を書いていていちばん楽しいことは何か。つまり、これまで携わってきたすべての本に注ぎ込もうと意識してきたのは、気持ちを鼓舞されるような、インスパイアされるようなストーリーを引き出すことだった。ごく普通の人々がトップに到達する道のりを描くことが、楽しくてたまらなかった。彼らはどのように障害を乗り越えたのか。どのように難題を克服し、目的を追い続けて達成したのか。

私は決めた。これからはインスパイアする本しか書かない。朝、目が覚めたら、自分の夢を追いかけようという気持ちにさせる。そういう本だ。世界は素晴らしい可能性に満ちていて、私たちは誰にでも、自分や他人の人生をより良くする機会が周りにたくさんあると、思い出させるような本を書こう。

決意を貫くために、この目的にそぐわない本は、売れそうな話でも断ることにした。とことん貫いて、すでに進行中だったプロジェクトも手放したのだろうか――イエス。次の収入の当てはあったのか――ノー。でも、それが正しい選択だと思った。だから、そうした。

信念に基づく賭けだった。ザッポスのような企業が、「良い（GOOD）会社」から「素晴らしい（GREAT）会社」に変わるために挑む賭けと同じだ。

そう決意したら、わずか2、3週間後に運命の巡り合わせが訪れた。新しい目的にかないそうな本の企画を打診されたのだ。私はこのチャンスを追いかけた。全力で取り組んだ。

15分間の顔合わせのためにニューハンプシャー州からテキサス州中部に飛び、主人公となる夫婦がその本で何を実現したいのかという思いに耳を傾け、私の決意を伝えた――「私は人を鼓舞する本だけを書きたいのです」

そして、互いにこれまでの個人的な経験を簡単に話し合った。私と彼らの人生は、地理的には遠く離れていたが、共通点はたくさんありそうだった。3人とも、それぞれいくつかの葛藤を乗り越えてきた。自分たちが似ていることを笑いながら、気がつくと打ち合わせが始まって1時間が過ぎていた。

彼ら夫婦は、自分たちの本を書くために世界中のどんなライターでも雇うことができたのに、私を選んだ。人々をインスパイアする本だけを書こうという私の決意がそうさせたのだと、信じている。

彼らの名前はチップとジョアンナ・ゲインズ夫妻。ケーブルTV局HGTVの人気リアリティ番組「フィクサー・アッパー」に出演しているリフォーム会社の経営者夫婦で、私たちの本『マグノリア・ストーリー』はニューヨーク・タイムズ紙のベストセラー・リストの1位に躍り出た。発売から3週間でミリオンセラーとなり、2年以上が経ってからも、クリスマスシーズンにいくつかのベストセラー・リストに返り咲いた。

「高い目的を持つ私がザッポスの本なんて書くはずがない？」

素晴らしいことに、まぐれではなかった。その後も3冊の共著書がニューヨーク・タイムズ紙のベストセラー・リストに入り、それぞれが、私が貫こうと決めたインスピレーションの価値観に忠実だった。自分より大きな目的に焦点を当てて、生活費を稼ぐことより大きな目的を目指したことが報われた。

自分のライフワークを通して、より高い目的を目指す。そのシンプルな行為が、この短いイントロダクションには書ききれないほど、さまざまなかたちで私の人生を向上させてくれた。

そういうわけで、ケリー・スミスと名乗る人から（月1ドルで維持していた、私のあまり魅力的ではないウェブサイトのリンクを介して）連絡が来たとき、私はどう思ったか。

私は少々懐疑的になった。ザッポスに関する本の執筆について話をしたい、彼女はそう言った。企業の世界とは手を切ってインスピレーションに集中するという大きな決断をした私が、「企業」のプロジェクトと思われるビジネス書の仕事を引き受けるはずがないではないか。

ザッポスをよく知っている人は、私の無知を笑っているだろう。正直なところ、私はザッポスのことはほとんど知らなかった。

私もマークのことは何も知らなかったから、おあいこだね。

靴を売っていることは知っていたが、ザッポスのサイトで買い物をしたことはなかった。CEOのトニー・シェイのことと、彼が本を書いたことは知っていたが、読んでいなかった。それでもケリーからの最初のメールに、私は目を引かれた。ザッポスの社員のさまざまな声で語られる本を作りたいというコンセプトに、興味をそそられたのだ。

ビジネス書は山ほど読んできたし、ジャーナリストとして（特にボストン・グローブ紙で働いていた駆け出しの頃は）ビジネス記事を山ほど書いてきたが、そのような本は記憶になかった。新しいと思った。ユニークだと感じた。詳しく話を聞きたくなって、ケリーのチームに連絡した。

ザッポスとの旅の経験は、本を書くためのものだけではない

こうしてザッポスの文化の核心に迫る2年間の旅が始まったのだが、最初の1時間で私は理解した。ザッポスは靴を売っているのではない。伝統的な意味での「ビジネス」ですらない。彼ら

がやっていることはサービスだ。イノベーションだ。ビジネスとは何か、ビジネスを長期的に継続するためにはどうすればいいかを再定義しながら、顧客だけでなく社員と株主とコミュニティを――すべての人を、もっと幸せにしようとしているのだ。

私はラスベガスにあるザッポスの本社を訪ね、社員たちと一緒に過ごした。トニー・シェイとキャンプファイヤーを囲み、ザッポスの文化に浸ったが、この経験は本を書くためだけのものではないと、すぐに気がついた。この経験は私自身を奮い立たせ、私のライフワークをもっと大きくしたい、もっと良くしたいと思わせてくれた。それはまさに、ザッポスがすべてのやりとりで目指していることだ。

この会社の真の目的は、ビジネスのやり方を変えることであり、大小を問わず自分たち以外の会社をインスパイアして、もっと革新的なことをしたい、もっとインスピレーションにつながることをしたいと思わせることなのだから。

そんなのは絵空事だと思うだろう。私たちが暮らすこのひねくれた世界では、真摯な誠実さや、良いことをしたいという願いを、マーケティングの策略と片づけるのは簡単なことだ。しかし、ザッポスで出会った社員の一人ひとりが、会社のミッションを裏付けるストーリーを持っていたことに、私は圧倒された。

リーダーシップを振るう立場の人、受付にいる人、ザッポスのロゴ入りのシャトルバスで私を空港まで送ってくれた人。すべての人が、それぞれ情熱的で個人的なストーリーを持っている。そのほとんどが、働き方を変えたら人生がどんなふうに変わったか、というストーリーだ。

そして、彼らが自分のストーリーを私と共有することが自己満足などではないことは、一人ひとりを見れば明らかだった。自分たちと同じようにほかの人にも、自分がしていることを見つめ直し、自分の人生と仕事をより良くする方法を考えるようにインスパイアしたいのだ、と。

あなたのまったく知らないザッポスの物語を始めよう

もう知っている、あなたはそう思っているだろう。この本を手に取った人は、そもそもザッポスの神秘性にはまっている。あなたはザッポスについて、私がこの本のプロジェクトに参加したときよりも、はるかにたくさんのことを知っている。もちろん、私も追い付こうと努力してきた（何よりもまず、トニー・シェイの著書『ザッポス伝説』をむさぼり読んだ）。

しかし一方で、私はザッポスとの旅で学んだことがある。私たちがザッポスについて「知っている」と思っていることはすべて——既刊の書籍にせよ、メディアに掲載されたさまざまな記事にせよ——表面をかすっている程度にすぎないのだ。

この本がこれから語るのは、2009年から10年分の経験とデータと情報をもとに、当時は仮説であり夢でしかなかったことを実証する物語だ。

ザッポスの名を広めた「ワオ!」の文化、コア・バリュー、そして「利益、情熱、目的」への献身は健在であり、これらのコンセプトは繰り返し実践されてきた。ザッポスのアイデアの中にはうまくいかなかったものもあるが、すべての失敗はそれぞれ、刺激的な未来へと通じる教訓になっている。

今日では、ザッポスはかつてないほど大きな目的を掲げている。

長期的かつ持続可能な方法で、顧客、社員、地域、取引先、株主に、同時に幸せを届けることが可能だと示すことによって、世界を鼓舞し、インスパイアすること。

大風呂敷だと思うかもしれない。だがザッポスは、ひときわ高い目的を掲げ、それを追いかけることができる立場にある。2009年からアマゾンの傘下に入ったのだ。ただし、トニーがアマゾンと交わした契約は、ザッポスの独立性と自律性を約束している。

アマゾンとザッポスの関係については、「5カ条」と呼ばれる内部文書があるんだ。

1　ザッポスは独立して運営され、従来のザッポスの取締役会と同様の機能を持つ経営委員会によって監督される。委員会の立ち上げ時は、アマゾンから3人、ザッポスから3人の委員で構成される。

2 ザッポス独自の文化は、これまでの成功の核であり、私たちはそれを守っていく。

3 アマゾンとザッポスの顧客体験には違いがあり、顧客がその違いを理解できるように区別を維持する。

4 アマゾンはザッポスから学びたいし、その反対も同様である。互いに情報を共有して学びを促進する。

5 統合に「必須」なものは法的に必要なプロセスのみとする（例えば、アマゾンは上場企業であるため情報開示義務がある）。これらに関しては明確に定義して伝達する。

つまり、利益と成長を持続している限り、ザッポスには基本的にやりたいことをやる自由がある。そして、1999年の創業から10年、さらに次の10年で、ザッポスはオンライン小売業者をはるかに超えて、「ワオ！」にふさわしいサービスを提供する会社に成長した。新しいアイデアのインキュベーターとなり、急激な変化の波に直面して企業がどのように適応し、成長し、成功していけるのかを証明する、未来の実験場となっている。

ザッポスがこの10年に行った誰も試したことのないビジネスの実験

彼らの究極の目的は、すべての人に「ワオ！」を届けることだ。敗者のいないビジネスの公式をつくることだ。ザッポスを、自己組織化して変化し続けるダイナミックなシステムに変えて、社員、顧客、地域、取引先、株主など、すべての関係者に勝利をもたらすことだ。

これは簡単なことではない。

この本をめくればわかるように、ザッポスはこの10年、誰も大規模に実践したことのないビジネス手法を導入して確立させようともがきながら、かなり激しい浮き沈みを経験してきた。

しかし、ザッポスが解き放とうとしているのは、アマゾンの傘下でも社員がザッポスらしい自律性を維持し、イノベーティブな能力を発揮しながら働ける、まさに自己組織化する職場なのだ。

「自己組織化」という用語に明確な定義はないかもしれない。誤解されがちだが、ガバナンスのない完全なカオスで誰もが好きなことを好きなようにできる、という意味ではない。私が気に入っている説明は、「ルールはあるが支配者（ルーラー）はいない」だ。

例えば鳥の群れは、自然界の自己組織化の一つだ。周りの鳥に指示を出す「リーダー」

の鳥はいないが、鳥たちはとてもシンプルなルールに従っている。近くの鳥と一定の距離を保ち、近づきすぎず離れすぎず、ほかの鳥の羽が送る「後流」を利用しながら、エネルギーの消費を最小限に抑えて効率良く飛ぶ。

どのような景色が見えるのだろう。

これから一緒に見ていこう。

そろそろ私は退場して、後はザッポスの社員に託すことにしよう。この本は、彼らのアイデアそのものだ。彼らの手でその幕を上げて、ザッポスが本気でやろうとしていることを説明するだけでなく、実証するのだ。

ザッポスがどのように運営されているのか。彼らがどのようにしてここまで来たのか。人と人のつながりとサービスの場で生まれる仕事が、（新入社員にとってもCEOにとっても）いかに楽しいものか。彼らが彼らのストーリーで語る。

職場の信頼とサービスが、どのように創造性を解き放つのか。

企業文化に忠実であり続け、自己組織化や市場ベースのダイナミクス（MBD）という新たな仕組みを通じて社員に主導する力を与えることが、新しい体験と新しいカテゴリーと新しい収益性を実際に生み出している手本を見せながら、ザッポスは（そして、おそらくビジネスの世界全体は）、走り始めたときは誰も想像さえしていなかった所を目指していく。

ＭＢＤ（マーケット・ベースド・ダイナミクス）というのは社内用語で、現実の世界で起きていることを再現したミニ経済を、ザッポス内部につくる取り組みだ。ＭＢＤを導入した理由の一つは、市場がイノベーションを推進する重要な力になることがわかったからだ（第10章参照）。

リーダー、そしてリーダーについていく人、起業家、公務員、家庭人、カウチポテト族——あなたがどんな人で、どこで働いていて、どこで暮らしていても、すべての人に「これは自分のために書かれた本だ」と思ってほしい。

この本で出会うザッポスのすべての社員が、心から語っているストーリーだから。私の最大の願いは、彼らの願いは、今もなお広がり続けるザッポスの物語が、みなさんに「ワオ！」を届けることだ。そして、あなたも、外に出て世界に「ワオ！」を届けようと思ってほしい。

マーク・ダゴスティーノ

PART 1 Connecting

私たちは最高に
つながっている

1

THE HEART OF THE
SERVICE-MINDED CULTURE

サービスが中心にある
企業文化でつながる

赤い靴作戦

テリ・マクナリー Teri McNally
カスタマー・サービス　チームリーダー
休暇に灯台で働いたことがあります。

心を開くと、すべてが変わります

すべては1本の電話から始まりました。

「もしもし？」

「こんにちは、ザッポスのテリです。スーザンですか？」

「ええ」

「こんにちは、スーザン。昨日、カスタマー・ロイヤルティに電話をいただきましたね。注文した靴の大半が、約束の期日までに届いていないそうですが」

「そうなんです」

「私も記録を確認して、あなたとご家族に本当に申し訳ないことをしたと思い、お電話をしました」

「ええ……ありがとう。また何か問題が？」

「いいえ、大丈夫です。残りの靴は明日、お届けします。この電話をかける前に、私がしっかり確認しました。すでに発送済みです。間違いありません。そのことをお知らせしたかったのと、昨日は十分な対応ができなかったことを謝罪したかったのです。あなたもご家族も大変な時期だと知って、私たちに何かできないかと思い、今回の購入代金を半額にさせていただきます」

「今、なんて？」

「遅れている靴は明日、お届けします。でも、代金は半分、返金します」

「ワオ！　うそでしょう？　すごいわ。どうしてそんなことを？」

「あなたが注文された理由を聞いて、靴を注文したせいで、あなたの人生が余計につらいものになっては意味がないと思ったんです。だから、とにかくお届けが遅れたことを謝罪して、できる限りのことをしなければ、って。48時間以内にクレジットカードに返金されるはずです」

「それは……、どうお礼を言えばいいのか。本当に感謝します。昨日の電話の女性には話したんだけれど、追悼式は雨で延期になりました。だから靴が遅れても、たいしたことじゃないんです。

届くなら大丈夫です」

「そうなんですね。間に合いそうで本当によかった。お悔やみ申し上げます」

スーザンは一呼吸おいてから言いました。「ありがとう。感謝しています。今はただ、みんな胸が張り裂けそうで……」


私たちは業界でも最高級のカスタマー・サービスを目指していることで知られています。その努力をサポートすることが、カスタマー・ロイヤルティ・チーム（CLT）で働く私の仕事です。その中で、カスタマー・サービスの通話記録を無作為に選び、何かしら疑問や不安があって電話をかけてきた人に適切な対応をしたかどうか、確認しています。あの日、あの通話を確認したことはまったくの偶然ですが、私は録音を聞いてすぐに心を打たれました。

私が意外に難しいと思うのは、コールセンターで働いた経験がある人を採用するときだ。研修で昔の悪習から解放しなければならないようなこともある。通話時間を最小限にする代わりに、顧客に「ワオ！」を提供するように集中することや、より良い顧客体験のためのコストは会社も歓迎することを教えている。
顧客との通話を無作為に検証するチームは、「対応としては問題ないが、必ずしも素晴

らしいサービスを提供していない」ときに、その担当者に助言をするようにしている。なんといっても私のお気に入りの格言は、ビジネス書の大御所ジム・コリンズの言葉、「GOOD（良いこと）はGREAT（素晴らしいこと）の最大の敵である」だから。

ザッポスが届けるものは何か？

スーザンはテネシーなまりで話す素敵な女性で、注文した靴の大半が指定した日までに届かなかったため、電話をかけてきました。**彼女の注文は少し変わっていました。ラコステのスニーカーを11足、すべて赤、すべて違うサイズ。**彼女は問い合わせ窓口に電話をかけてきて、まだ1足しか届いていない、とても大切な靴なんです、と説明しました。葬儀で履こうと思っているんです――ティーンエイジの娘のボーイフレンド、ルイスの追悼式で。

驚いたのは、スーザンが怒っていなかったことです。彼女は気が気じゃなかっただけでした。それは声を聞けばわかったし、彼女が焦るのは当然でした。残りの靴も後から届いて、とても大切な日に間に合うことを確認したかったのです。

というのも、普段はあまり雪が降らないテネシー州が、そのときはひどい吹雪に見舞われて、州内の各地で飛行機や配送の多くがストップしていたからです。私たちカスタマー・ロイヤルティ・チームの一人は彼女に、注文の靴は2カ所の倉庫にあって、片方の倉庫は予定どおり1足を発送したのだが、もう片方から発送される残り10足が吹雪の影響で遅れている、と説明しました。スーザンは、そういうことなら仕方がないと理解してくれました。問い合わせの電話は、丁重な挨拶で終わっていました。

私がこの件をフォローしたのは、担当者がもっと共感を示せたのではないかと思ったからです。対応は親切でした。すぐに状況を調べて、注文の靴は配送中だと、スーザンに約束しました。ただし、スーザンと彼女の家族に迷惑と心配をかけたことについて、十分に謝罪したとは言えませんでした。

スーザンと家族にとって、本当に特別な靴に違いないと思いました。安い買い物でもありません。全部で845ドル！　あの赤いスニーカーを11足注文して葬儀で履くことに、象徴的な意味があるに違いないと思いました。私たちが彼女の家族に届けるのは、靴だけではありません。もっと深いものを、亡くなった青年と彼女たちをつなぐものを、届けようとしていたのです。

だから私はスーザンに電話をかけて、代金を半分、返すと伝えました。

「今朝、私が自分で、残りの靴が予定どおり配達されることを確認しました。サイズなど何か問題があれば、私に直接、連絡してください。ＵＰＳのトラックをご自宅に行かせて、返品を預かって、翌日には無料で新しいサイズの靴を届けます」

「そこまでしてもらえるの？」

「もちろん、喜んで。ほかにできることがあれば何でも、私に電話をください。直通の番号を教えますね、メールアドレスも……」

私は、自分と直接連絡を取れる方法を教えました。彼女が再びお礼を言って、私もザッポスを選んでくれたことにお礼を言って、電話はそこで終わりました。でも、私はスーザンと彼女の家族のことが頭から離れませんでした。電話を切った直後に、彼女の娘に翌日、花を届ける手配をしました。いろいろなことが終わった後に彼女が自分の好きなものを買えるように、１００ドル分の商品券を添えました。

このことを、けっして軽く扱ってはいけない！

帰宅してから、私は夫と話をしました。スーザンについて、彼女が乗り越えなければならないことについて、傷ついている娘を見ていることがどれほど残酷かについて、私は話し続けました。そして、さっきの電話だけでは足りないと思ったのです。

私たちの会社はもっと何かできるだろう、と。スーザン親子がとてもつらい最中にザッポスに靴を注文したことを、軽く扱ってはいけないと思いました。

翌朝、私はキャンパスに着くとすぐにパソコンを立ち上げ、スーザンの靴が配達済みになっていることを確認して安心しました。そして、デスクに飾っている父の写真を見ました。周りに並べている小さな置物やガラクタが、私の職場を個人的な空間にしています。

私は電話をかけました。

「もしもし?」

「こんにちは、スーザン。ザッポスのテリです」

「こんにちは、テリ!」

「こちらのシステムでは配達済みになっているけれど、本当に受け取ったかどうか、確認したいと思って」

「届いているわ! ありがとう。マッケンドリーにも、あなたから美しいバラが届いたところよ。商品券まで。こんなに温かい心遣いに、どうお礼を言えばいいのか」

「少しでも何かしたいと思っただけです。昨日は言いそびれてしまったけれど、私も数カ月前に父を癌で亡くしたんです。だから、つらい気持ちはわかります」

「まあ、そんな。大変だったのね。お悔やみ申し上げます」

「ありがとう。どうもありがとう」

「でも、どうしてバラを？　どうしてわかったの？」

「何を？」

「ルイスもこんなふうに、マッケンドリーにバラを贈ってくれたのよ。彼女が治療を受けているときに」

「そんな偶然って……」

「本当よ。あなたに言っていなかったかもしれないけれど、彼女とルイスは治療中に知り合ったの」

「まあ」

「彼女は今は一時的に症状が落ち着いている寛解期で、体調もいいわ。でも、ルイスはいつも、まさにこういうバラを贈ってくれた。色も何もかもそっくり。どうしてわかったの？」

「知りませんでした。私はブーケを注文して、花屋さんがアレンジしたんだと思うけれど。どうかしら。ワオ！」

「まさに『ワオ！』ね。今回のこと、すべてに感動しているわ。ありがとう。娘もあなたに感謝しています」

思いやりがもう少しだけあれば、世界は……

スーザンは電話口で泣き始めました。私も涙がこみ上げました。

「ちょっと待っていて。マッケンドリーとも話してちょうだい」

数秒後、マッケンドリーが電話に出ました。あんなに可愛らしいティーンエイジャーと話をしたのは初めてです。彼女も泣き始めて、私はさらに涙があふれました。私のおかげで元気が出そうだと、彼女は言いました。

マッケンドリーは母親に受話器を返し、スーザンはあらためて私にお礼を言って、父のことは残念でしたね、と続けました。

「ありがとう。かなり長い闘病生活だったんです」

「とてもいい娘さんを育てたのね」

今度は私が言葉に詰まりました。思いもかけない言葉だったのです。

「こういう親切や思いやりがもう少しだけあれば、世界はもっと素敵な所になると思わない？ルイスはそういう人だったの。自分が治療中も、おもちゃを集めてはホンジュラスの病院の子どもたちに送っていた。彼はホンジュラスから来たのよ。うちに花を持って来るときは、わざとマッケンドリーの顔を見ようとしなかった。今頃天国で、にっこり笑っているはずよ。あなたがしてくれたこと、私たちがどんなにうれしかったか、言葉にならないわ」

「私もうれしいわ。ええと、明日の準備でお忙しいだろうから——」

「いいの、大丈夫。私は南部人で母親よ。私が苦にならないことがあるとしたら、おしゃべりすることね」

私がこの仕事で学んだことがあるとしたら、人は、南部に限らずどこの人もみんな、おしゃべりが好きだということです。特に、自分の話を聞いてもらいたいのです——電話の向こうにいるのが会ったこともない人で、たまたまオンライン・ショップで働いているというだけの人でも。

「それならよかった。一つ教えてほしいのですが、どうして赤い靴を?」

赤いスニーカーの秘密

スーザンは声を上ずらせながら、マッケンドリーとルイスのラブストーリーを語りました。

2011年秋、2人のティーンエイジャーは、癌の治療を受けていたメンフィスの聖ユダヤ小児病院で出会いました。まさに、映画『きっと、星のせいじゃない。』の世界です。

あの陽気な青年が、マッケンドリーの人生でいちばんつらい時期に彼女に笑顔をもたらして、マッケンドリーが彼にもたらした喜びと音楽が、彼を明るく照らしました。病院の癌病棟の2階で、ほかの子どもたちのために2人でギターを弾いて歌を歌いました。2人は親友になって、家族と共に命がけで戦っている周りの子どもたちに幸せをもたらしました。子どもたちを助けるために毎日、懸命に働いている医師や看護師の励みになったことは、言うまでもありません。

ルイスは、マッケンドリーが彼の人生に登場する少し前から癌と闘っていました。あるとき医師から、癌の進行を止めるために片足を切断するしかないと告げられました。ルイスは打ちひしがれました。

息子を少しでも元気づけようと、両親は何とかやり繰りをして、彼が憧れていた赤いスニーカーを買いました。治療のためにアメリカに来てまもなく、店のウインドウで見つけて、ずっと欲しかったスニーカーです。ルイスは包みを開けるのももどかしく、手術の直前まで履いていました。手術が終わり、病室で目が覚めて下を見ると――そこには両足がありました。最終的に切断しなくて済んだのです。

その日以来、赤いラコステのスニーカーは、ルイスのいちばんのお気に入りになりました。彼の本当の願いは、それを履いてハンググライダーをしに行くことでした。その夢がかなったとき、彼は誰も見たことがないくらい大きな笑顔になりました。

一方で、癌はその正体をなかなか見せません。笑顔の下で何が起きているのか、外からはわからないときもあります。2015年2月初め、ルイスの病状は急激に悪化しました。そして、ほとんど何の前触れもなく、よりによってバレンタインデーに、彼は死んだのです。

マッケンドリーは打ちのめされました。誰もが打ちのめされました。

聖ユダヤ病院で治療を受けている共通の友人全員で、あの赤いスニーカーを履いて葬儀に参列したい。それがマッケンドリーの願いでした。スーザンはザッポスに赤い靴を何足も注文して、彼女と私は電話越しに涙を流しました。

パーティーをしよう

この電話を最後にスーザンと話す機会がなかったら、私の人生において、会ったことのない人と交わした最も記憶に残る感動的な経験の一つとして終わっていたでしょう。

でも、そこで終わりではありませんでした。今もまだ、終わっていません。

ザッポスでは何か良いことが起きたら、同僚に報告します。私も数人のザッポス・ファミリーに、スーザンとマッケンドリーとルイスの話をしました。すると、すぐにアイデアが飛び交いました。

「マッケンドリーのために何か特別なことをしましょう。彼女はとても傷ついているのよ」

「彼女と家族をベガスに呼ぼう」

「いいね！　気分転換になる」

「友達も何人か連れてくるといいわ。ルイスのことも知っている、聖ユダヤ病院の友達とか。赤い靴を履いた友達とか」

「それだ！　パーティーをしよう。人生のお祝いを。ルイスのお祝いを」

すぐに複数の部署が協力して、マッケンドリーと友人と家族にとって生涯の思い出になるような旅を計画しました。準備がすべて整ってから、動画でメッセージを送りました。「何のお知らせだかわかる？　みんなでベガスに来て！」

どうして自分たちにこれほど親切にしてくれるのか、わからない。マッケンドリー親子は戸惑っていました。

私たちの返事は――いつもと同じです――「当たり前じゃない！」

マッケンドリーの話に私たちは心を揺さぶられ、彼女を称えたいと思ったのです。彼女を称えて、ルイスを称えて、娘を支え続けているスーザンを称えて。みんな、少しくらい楽しんでもいいはずです。マッケンドリーはちょうど高校を卒業したところで、癌との闘いはまだ続いていました。彼女に息抜きをさせてあげたいと思いました。

そんなの、当たり前でしょう？

「自分たちが、世界で最も特別な人間になったみたいでした」と、マッケンドリーはベガスへの旅を振り返ります（彼女は現在、大学生。癌の治療を続けながら、努力して全額給付の奨学金を受けています。自分で自分をインスパイアしたのです！）。

「ベガスのような所に行くのは初めてで、あらゆることが私たちのために用意されていました。本当に楽しかったです。あんなにたくさん笑ったのは記憶にないくらい、笑いました」

マッケンドリーとスーザンがオフィスに入ってきて、ついに顔を合わせたときのことを、私は生涯忘れないでしょう。聖ユダヤ病院が投稿した動画で彼女たちを見ていました。でも、あんなふうに感情があふれ出るなんて、思ってもいませんでした。電話越しに知り合った2人を抱き締めながら、私は泣いていました。私たち3人にとって特別な瞬間でした。純粋な喜びの瞬間でした。彼女たちも泣き出して。思い出しただけで、今も涙がこみ上げてきます。

すべてが奇跡でした

その夜のパーティーには同僚もそろって参加しました。マッケンドリーと友人たちをリムジンで迎えに行き、赤いカーペットを敷きました。たくさんの仲間が、夜遅くまで彼女たちの特別なお祝いを楽しみました――CEOのトニー・シェイも。彼はこの話に感動して、ずっと私たちと一緒にいました。最後まで残っていたんですよ。

「あの夜はすべてが奇跡でした」とマッケンドリーは言います。

「ザッポスの人たちは熱心に準備をしてくれました。壁一面に、ルイスと私が写っている写真の中でもお気に入りのものが全部、映し出されていたんです。マリアッチのバンドが来ていて、スタッフが練習したダンスを披露しました。

地元の素敵な歌手が、ルイスと私にとって特別な曲をたくさん歌ってくれました。私の大好きな、ドリュー・ホルコムの『Live Forever』も。ザッポスのアーティストのミゲルという男性が、自分で絵を描いた赤い靴を2足くれました。1足はルイスの顔、もう1足は私の顔です。シャドーボックス用のケースに入れて、部屋に飾っています」

「自分の人生でこんなことが起きるなんて、想像したこともありませんでした。今でも『あれは現実だったの?』と思います。自分が特別な存在だと思わせてくれたのは、ルイス以外で、初めてでした。あんな気持ちになったのは本当に久しぶりでした。彼といるときと同じような気持ちに、みなさんがさせてくれたのです」

私にとっても、気持ちを揺さぶられる出来事でした——参加した私たち全員にとって。あの日、泣かなかった人はいないでしょう。ルイスにはお気に入りの言葉があったそうです。「躍動(パルス)があるところに目的(パーパス)がある」。あの夜、何人もの人がマイクの前で、その言葉を口にしました。パーティーの間、何回も聞いているうちに多くの人が、自分の目的を実現しようとインスパイアされたのです。

マッケンドリーの家族がテネシーに帰った後も、お祝いは終わりませんでした。いろいろなところで話題になり、ソーシャルメディアでも広がって、「赤い靴作戦（#operationredshoes）」というハッシュタグが登場しました。

生まれた友情

素晴らしい広がりでした。悲しみから始まったことが、私たちが築いたつながりを通して進化したのです。つながって、私たちがストーリーを共有することによって、マッケンドリーを応援する新しい仲間が、まるで魔法のように団結しました。

「私たちも何かお返しをしなければいけないと、思うようになりました」とスーザンは振り返ります。

「ルイスと聖ユダヤ病院の患者たちがどんな体験をしているのか、ザッポスのみなさんに直接、見てもらおうと考えました。私たちをラスベガスに呼んでパーティーを開いてくれたテリたちを、今度は私たちが招いたら、楽しいに決まっているでしょう？　マッケンドリーは『メイク・ア・

＊　**メイク・ア・ウィッシュ**
難病と戦う子どもたちの夢をかなえて勇気を与えている非営利団体

ウィッシュ*』に頼んで旅費を助けてもらおうかと話していましたが、その必要はありませんでした。病院で話をしたら、友人たちが資金集めを手伝ってくれたのです」

何ということでしょう。メンフィスへの旅はまったくの予想外で、素晴らしいの一言でした。私たちは病院で子どもたちとお絵描きパーティーを開きました。スーザンとマッケンドリーは、エルビス・プレスリーの聖地グレイスランドと、ダウンタウンのビールストリートを案内してくれました。彼女たち家族と病院のお返しに、私たちは心から光栄に思い、感動しました。

ラスベガスとテネシーで一緒に過ごした時間は、さらに贈り物をくれました。スーザンと私は思う存分におしゃべりをすることができて、今もメールなどで連絡を取り合っているのです。私たちの間に生まれた友情は、きっと生涯続くでしょう。

ルイスが遺したもの

2015年秋、マッケンドリーは妹のビジーと、ルイスの友人のアリーとヘイリーと共に、ルイスを記念して非営利団体を立ち上げました。名前は「赤い靴作戦（ORS：Operation Red Shoes)」。子どもが癌の治療を受けている家族を支援しています。ザッポスで働く多くの人が、設立資金のために個人的に寄付をしました。

「セレブリティの支援者もいて、子どもたちにあらゆる支援をしています」と、スーザンは私に言いました。「映画『サンドロット／僕らがいた夏』（1993年）の監督と脚本を手がけたデイビッド・ミッキー・エバンスは、ORSの最初の大口寄付者です。

大きなNPOに成長して、癌と闘うティーンエイジに特有の状況に苦しむ子どもたちをもっと助けたいと思っています。私たちの目標は、私たちが死んだ後もORSが成長し続けて、ルイスを称えて素晴らしい支援を続けることです」

この物語には、まだ続きがあります！　同じ頃にもう一つルイスの遺産と言うべきプロジェクトが始まりました。ルイスはルナというシベリアンハスキーを飼っていて、マッケンドリーに後を託していました。

「最初は、どうすればいいかわかりませんでした」と、マッケンドリーは言います。「ルナは私のことが好きじゃなかったから。いつもルイスのそばにいて、私たちが彼の部屋でソファに座っていると、間に割り込んできたんだから！　でも、今は私のことが好きみたいです。私たちは友達です。この子をうちで飼って、ルイスの喜びをもっと広めることにしました。ルナの子どもが3匹、癌の子どもを支える介助犬を目指して訓練を受けています」

そのうち1匹は、ザッポスで働くティア・スニガの家にやって来ました。赤い靴作戦を成功させたメンバーの一人です。最近はオフィスについてきて、彼女と彼女のチームを喜ばせています。

最初に言ったように、心を開けば、すべてが変わるのです。そしてザッポスは、私を含むここで働くすべての人に、会社にも心があることを証明しました。その心を開けば、本当の意味で開けば、素晴らしいことが起きるのです。

ザッポスの2つの柱

クリスタ・フォーリー Christa Foley
ブランド・ビジョン、人材獲得、社外カルチャー・トレーニング　責任者
貪欲な読書家です。週に4、5冊は読んでいるわね。

クリスタといえば……ギリシャ神話に登場するケルベロスみたいだ。ケルベロスは冥府の神ハデスの猟犬で、3つの頭を持ち、死者が冥界から逃げないように門を守る。彼女はザッポスの文化とブランドのケルベロスのような存在だ。その場では些細なことに思

えても、長い目で見ると私たちの価値観を損なう滑り坂に足を踏み出すことになりかねないようなことを、もしも誰かが言い出したとしたら……彼女はひるむことなく立ちはだかると思うよ。

「赤い靴作戦」は、偶然ではありませんでした。

意図せずに起きたことでもありません。

起こるべくして起きたのです。

素晴らしいことが起きる可能性は、ザッポスの場合、会社の体制に組み込まれています。私たちのコア・バリューから生じる結果なのです。そして、あなたの会社や小さなビジネスでも、あなたの人生でも、できることです。

私は社外カルチャー・トレーニングの責任者として、幸運にも、ある優秀なチームを率いています。このチームは、ザッポスで学んだ教訓（私たちは「インサイツ」と呼んでいます）を、全米や世界中の企業のリーダーと共有しています。ですから、社員が主役のこの本が「赤い靴作戦」から始まることは、私にとって最高の幸せです。私たちザッポニアンがこの会社のために実現させたいと思うすべてのことが1つになって、こんなに素晴らしい物語を生んだのですから。

ザッポス・インサイツというのは、さまざまなトレーニングやコーチングのプログラムを提供するチームの名前なんだ。企業文化をトレーニングする「カルチャー・キャンプ」、カスタマー・サービスのトレーニング「ワオ!・スクール」、社外で講演する「ザッポス・リプレゼンツ!」などがあるよ。

多くの人が、ザッポスは靴を売るサイトだと思っています。でも、それは表向きの顔にすぎません。**本当の私たちは、最初からずっと、たまたま靴（とほかの商品）を売っているサービス会社です。私たちはサービスを何よりも優先する会社として出発しました。私たちにとって、人と人とのつながりを築いて育てることがすべてです。**

すべての顧客と一人ひとり向き合うという目標のことを、社内では「PEC」と呼んでいるよ。パーソナル・エモーショナル・コネクション（個人的な気持ちのつながり）という意味だね。

顧客を私たち自身として見る

テリがスーザンとマッケンドリーと電話で築いた個人的なつながりの深さは、ザッポスで働く私たち一人ひとりが、日々出会うすべての顧客との関係を築くために努力していることでもあります。

最近、ビジネスの世界では、「カスタマー・オブセッション（顧客第一を徹底する）」の文化が話題になっています。これは、ビジネスをする側にとって顧客がすべてであるという考え方で、今の時代に企業が利益を上げることはもちろん、生き残ろうとするなら、顧客はカネを払ってくれる人であり、カメラとスマホを振りかざし、ソーシャルメディアを駆使して強大な力を発揮する存在として扱わなければならない、というものです。

しかし、ザッポスではそのように考えていません。私たちにもカスタマー・オブセッションの文化がないわけではありません。実際にあります。私たちは常に顧客のことを考えているのですから。では、「顧客」とはどういう意味でしょうか。顧客に「オブセッション（執着）」しているとは、どういうことでしょうか。

そこに公式はありません。ザッポスのカスタマー・サービスは、チェックリストや模範的な対応例に従うことではありません。顧客のツイートにリアルタイムでこまめに返答することでも、苦情をなだめるために迅速に行動することでもありません――いずれも、真摯にかつ適切な理由で行う場合は重要なことですが。もちろん、いつも無料で贈り物をしたり、顧客に気に入られるような振る舞いを意識したりするわけではありません。実際は、その反対です。

ザッポスの文化の核心は、顧客を、商取引の源をはるかに超えた存在と考えることです。私たちは顧客のニーズを理解して、靴の注文がはるかに大きな意味を持ちうるときもあることを、共有できるように努めています。

私たちの企業文化が奇跡を起こすのは、顧客を人として見ているからです。顧客を家族として、自分の隣人や友人として、同僚として見ているのです。私たち自身として見ているのです。私たちと顧客にとって最善の関係は、互いに相手と真摯に向き合い、理想的な状況で、人としてふさわしい形で接することです。つまり、心をこめて最善を尽くし、すべての顧客のために、どんなときも、やるべきことをやる。そういうことです。

私たちは顧客を幸せにしたい。本当の幸せを届けたい。そして、その幸せをさらに広めたいと思っています。

コア・バリューと社員

だからこそ、私たちはこの本を形にしたいと思いました。私たちは20年近く、サービス第一主義を掲げてきました。私もその大半をここで過ごしてきましたが、一夜にしてこの決意を固めたわけではありません。このような心構えは本気で取り組んでこそ機能することを、私たち自身が理解するまでには時間がかかりました。

仕事ですることと家庭ですることは、まったく異なるものではないし、区別するべきでもありません。サービスを第一に考えることは、仕事と同じくらい、人生でも大切なことなのです。ビジネスにおいても、より人間らしく行動して、もう少し思いやりを持つことは可能です。そして、利益になることだけでなく、やるべきことをすれば、すべての人のためにより多くの「利益」を生み出すことができます。こうしたことを私たちが本当に理解するまでには、時間がかかりました。そして今も、日々学んでいます。

ザッポスはかなり特異な例だと言われています。私たちは大手に買収された後も、ブランドと文化を維持してきました。世界最大の企業の一つ――アマゾン――に買収されてから10年になりますが、私たちはこれまで以上に、顧客と私たちの文化を優先させていきます。

ゼロから立ち上げた会社が成長して12億ドルで買収され、その後も自分たちのコアを維持して生き残り、急激に変化する環境の中で成長し続けるには、どうすればいいでしょうか。どうすれば、そのようなレジリエンス*を獲得できるのでしょうか。

私たちの歩みは、2つの柱に集約できるでしょう。

1つ目の柱は、すべての出発点でありゴールである、コア・バリューです。会議が終わったら文書にまとめられて、そのまま忘れ去られるような「バリュー（企業の価値観）」や「ミッション・ステートメント」の類とは違います。

ザッポスのコア・バリューは、私たちのあらゆる振る舞いの真意を語っています。私たちを導くガードレールです。私たちのすべての決断と挑戦の基盤となる、憲法のようなものです。コア・バリューによって私たちは自分の位置を常に確認することができ、コンパスが正しい方向を指していると信じて前進できます。

ザッポスのコア・バリューについては、トニーが最初の本『ザッポス伝説』でじっくり語っています。あらためて紹介しましょう。

1 サービスを通して「ワオ!」という驚きの体験を届ける

2 変化を受け入れ、変化を推進する

＊ **レジリエンス**

外部からの圧力、変化、ダメージなどに対し、受け止めたり、適応したり、回復したりする力。

3 楽しさとちょっと変なものを創造する
4 冒険好きで、創造的で、オープン・マインドであれ
5 成長と学びを追求する
6 コミュニケーションにより、オープンで誠実な人間関係を築く
7 ポジティブなチームとファミリー精神を築く
8 より少ないものからより多くの成果を
9 情熱と強い意志を持て
10 謙虚であれ

それぞれのコア・バリューが実際の行動に反映されていることは、この本を読んでいくうちにわかるでしょう。「ザッポス社員の誓い（Oath of Employment）」（357ページ参照）もじっくり読んでください。これは入社時に必ず渡す文書で、ザッポスの10のコア・バリューを説明するだけでなく、それぞれの価値観の意味を詳細に定義しています。この宣誓は、ザッポスのコア・バリューと文化に忠実であり続けることが、私たちすべての社員の権利であり責任であることを、共有するためのものです。

コア・バリューは重要です。コア・バリューが存在して、しかも確固たるものであれば、私た

ちのすべての意思決定と行動の基盤になります。では、コア・バリューがなかったらどうなるでしょうか？　重圧を受けて揺らぐ企業や、自分たちのブランドや価値観に沿った適切な意思決定ができずに苦労する企業がいる理由は、そこにあるのでしょう。

続いて、ザッポスの2つ目の柱についてです。会社の成功はすべて、社員にかかっています。適切な人材を採用し、彼らが常に会社と顧客の最大の利益を心がけると信頼することは、私たちのようなビジネスを構築するうえで何よりも重要なことです。

人がいなければ、会社は存在しません。

そして、人を第一に考えることが、サービスそのものなのです。

2

PEOPLE POWER

ザッポス社員の
つながる力

採用で頼りになるコア・バリュー

ホリー・デラニー Hollie Delaney
CHRO（最高人事責任者）
大学を卒業した後、イルカを訓練していました。

人事の仕事はもう飽きた、そう思っていました。

私は長年、人事部門で働いてきました。業界はさまざまです。カジノ、親水公園、eコマース、実店舗を構える小売業。正直なところ、自分の仕事が好きではありませんでした。一日中、規則を強要して、コンプライアンスの問題を扱い、社員の間違った行動を指摘するだけです。楽しいことなんて一つもなかった。高揚感とも無縁でした。

働きながら自分らしさを感じることもありませんでした。着たい服を着ることもできませんでした。普段はダメージ・ジーンズとTシャツが好きですが、ストッキング着用が決まりだった人事部もあります。パンティーストッキング。しかも毎日。理由？　理由は、その会社はずっとそうしてきたから。本当にそれだけでした。

ザッポスの前に働いていた会社では、いつもの自分のように振る舞うことはありませんでした。オフィスに着くと仮面をかぶるんです。仕事は仕事でしかなく、ときどき、みじめな仕事にもなりました。毎朝、足を引きずるように出社して、午後は時計をじっと見つめながら、家族が待つ家に帰って自分に戻れることを待ちわびていました。

その小売業の会社で仕事の壁にぶつかったとき、私は決心しました。会社を辞めるだけでなく、キャリアを変えよう、と。人事の仕事はおなかがいっぱいでした。しばらく短期の仕事でつないで、次のステップを探そうと思っていました。

もちろん、口で言うほど簡単にはいきません。私は人事畑を歩いてきました。履歴書も人事の経験ばかりです。だからザッポスの採用情報を調べたときも、短期間にしようと決めていましたが、仕方なく人事部門に応募しました。私が求めていたまったく新しい世界ではなかったけれど、楽しい会社だと聞いていました。これまでと完全に異なるキャリアに飛び込むにはどうすればいいか、しばらく考える間、どこか楽しい場所で働くのも悪くないと思ったのです。

おもしろいけれど、少し変わっている人

面接で最初に聞かれた質問の一つを、今も覚えています。「あなたの今の上司に聞いたら、あなたはどんな人だと言うでしょうか？」

「おもしろいけれど、少し変わっていると言うでしょう」と、私は答えました。

「そうなの？　私たちのコア・バリューの一つは、『楽しさとちょっと変なものを創造する』なんですよ」

「あら」。私は不意をつかれて、正直なところ、少し疑っていました。ザッポスは当時、まだ有名ではありませんでした。ザッポスの「コア・バリュー」なんて聞いたこともなかったし、ほかのこともほとんど知りませんでした（後でわかったのですが、まさにその年に、コア・バリューが決まったばかりだったんです）。

「それは変ですね」。私は思わず言いました。

本当は声を上げて笑いたかったんじゃない？

コア・バリューの説明を受けて、ザッポスと私は多くのコア・バリューを共有していることがわかりました。私は採用されて、昇進して人事部門のトップになり、12年以上が経った今もザッポスで働いています。次の仕事へのつなぎのつもりだったのに！

私はすぐに気がつきました。**ザッポスの人事部門は、私の知っているどこの人事部門とも違ったのです。楽しくて、ちょっと変な所です。私のように。そして、ザッポスの人事部門は、文字どおり人的資源に「人」を投資して成り立っているのです。**

個人の価値観と会社の価値観がフィットする人を採用すれば、働く人にとっても、会社にとっても、うまくいくでしょう。

では、採用する人をどんなふうに選べばよいでしょうか。

まず、しっかりと時間をかけること。社員が会社の最大の資源なら、会社にふさわしい人を見つけるために努力するのは当然のことです。採用担当者は、最初の電話やメールでのやりとり、数回の面接など、なるべく早く応募者に私たちのコア・バリューを説明して、これらの価値観にフィットする人物かどうかを確認するために、行動に関する質問をします。

優れたカスタマー・サービスについて。変化を理解すること、謙虚であること、チャンスを逃

さないこと、リスクを取ること、学ぶ準備ができていることについて。**私たちの採用は履歴書を見るだけではありません。応募者が個人としてどのような人物なのかを見極めるプロセスです。**

最終選考では、応募者は丸一日、ときには数日間、会社で過ごします。会社全体を知ってもらうためです。キャンパスを案内して、私たちのコア・バリューが実践されている現場を見てもらいます。ランチや終業後のハッピーアワーを共にすれば、応募者が社員とやりとりする様子がわかります。

採用されると、大々的な新入社員研修（NHT new-hire training）が始まります。1日や2日ではありません。ザッポスの新入社員研修は4週間！　新しい「ザッポニアン」は4週間にわたり、ザッポスの歴史とコア・バリューについて、私たちがどのような会社なのかについて、深く掘り下げて学びます。実は、新入社員研修は採用プロセスの延長です。

4週間の研修を終えて、彼らが私たちのコア・バリューのいくつかにあまりフィットしないと判断した場合、入社を辞退するように伝えます。あるいは彼らが、自分はザッポスにあまりフィットしないと感じたら、何も気にせずに辞めてもらいたいのです。

これからザッポスで働こうとしている人々に、もう一度よく考えてほしい――本当に自分のやりたい仕事なのか？　この会社を選んだことは正しかったのか？　ザッポスで働くと自分は幸せになれるのか？　そういうことを、本格的に働き始める前に考えてください。どうしても好きになれない場所で半年、10カ月、1年と働き続けて、結局辞めることになれば、私たちはその1人分の採用を最初からやり直さなければなりません。

そのようなミスマッチが起きないように、どうすればいいでしょうか。

ザッポスでは新入社員研修を修了する前に会社を辞めることができて、その場合は給料1カ月分を支給します。コストがかかる方法だと思いますか？　答えはイエスであり、ノーでもあります。実際に辞める人は、ごくわずかです。そして、会社にとって費用対効果は高いのです。私たちは人を採用するのではなく、ふさわしい人を採用しているのですから。

サービス第一主義の考え方ができる人。自分が私たちと合っていると思うから、私たちと働きたい人。ほとんどの人は、私と同じように、ここで長く働くことになるでしょう。私たちがこれまで一生懸命に働いてきたことを彼らが引き継いで、会社をさらに良くしてくれることを願っています。

触れ合うすべての人がカスタマーです

クリスタ・フォーリー Christa Foley
ブランド・ビジョン、人材獲得、社外カルチャー・トレーニング　責任者
『ゲーム・オブ・スローンズ』は出遅れたけれど、すっかりはまっているわ。

コア・バリューは「常に」優先される。

私たちは長い時間をかけて、コア・バリューの各項目に関する質問リストを充実させてきました。私たちのコア・バリューと文化にフィットするかどうかを判断するための質問です。頭が固い人、変化を受け入れられない人、標準的な古い会社のルールに従いたがる人は、間違いなくこの会社にはフィットしないでしょう。

重要なのは、このような危険信号に、早めに気づくことです。あるいは、「自分はどのくらい幸運だと思いますか?」「あなたが部屋に入るたびにテーマソングが流れるとしたら、どんな曲ですか？　どうしてその曲？」といった風変わりな質問からも、多くのことがわかります。こうした質問から真剣な会話につながり、その人の価値観が浮き上がるときもあります。

採用の判断基準として、文化（自社のカルチャー、企業文化）との適合性が技術的な適合性より「常に」優先されることは、早くから決めていました。特定の時期に、特定の仕事で優れているというだけで、システムが変わっても、実務が変わっても、市場が変わっても、オフィスを移転しても、何かしら新しい適応を求められたときに、必ずフィットするとは限りません。「変化を受け入れ、変化を推進する」というコア・バリューを重んじない人は、ザッポスで働いても楽しくないでしょう。そして、あまり成功できないでしょう。

私たちが基本的に求めているのは、私たちにとってのカスタマー・サービスの意味を、新しく入社した人に理解してもらうことです。

「カスタマー」とは、同僚も含めて、触れ合うすべての人のことです。コンピュータをうまく使いこなせる人であっても、「サービスを通じて『ワオ！』という驚きの体験を届ける」というミッションを受け入れられる人（オフィスだけでなくあらゆる場所で！）とは限りません。その人のコア・バリューが私たちのコア・バリューと一致しているかどうかを知るために、人としての本当の姿を見る必要があります。

個性と個人の成長を大切にする

マリッツァ・ルイス Maritza Lewis
エンゲージ・チーム

両親は5人の娘の中で私に、自分たちが経営するレストランの名前をつけたのよ。私がいちばんお気に入りなのね。ウフフ。

ザッポスでは、「文化（カルチャー）」とは同調するという意味ではありません。

私たちは多様性を大切にしています。個性と個人の成長を大切にしています。私がこの12～13年にわたり、さまざまな仕事を経験しながら、ここで働き続けている理由は、ホリーやほかの多くの人たちと同じです。ザッポスが私を一人の人間として大切にして、私の成長を望んでいるからです。

「みんな同じ」は求めません。とんでもない！

ですが、適切な人材を採用して働く仲間の力を得るために最も重要なことは、一緒に働く仲間としてどのような人かを見極めることです。周りとうまく連携して、素晴らしいサービスを提供し、会社を成長させる人かどうか。

新人研修チームは語る

メガン・ペトリニ Megan Petrini
教えるときは絶対に靴を履かない。

ベロニカ・モンタネス Veronica Montanez
人生の教訓はすべて『マイリトルポニー～トモダチは魔法～』で学べるはず。

ステファニー・ヒューデック Stephanie Hudec
ボクシングが大好き。腕ずくで知り合いを練習に誘っているの。

「永遠に終わらない」と感じるほど長い

ベロニカ：私たちが新入社員研修と実地研修にとてつもなく大きな期待をかける理由は、私たちの会社の文化を突き詰めると1つの言葉に凝縮されるからです。つまり、人間関係です。

私たちの会社は、縦割りでバラバラのサイロ型の組織ではありません。成長しながら互いに孤立しないように、さまざまな努力をしています。そのためには、みんなが同じ基盤に立つことが大切です。研修では毎日顔を合わせて、自分は時間の管理ができるということを示します。

全員が最終審査に合格して、クオリティチェックをパスしなければなりません。どの部署に採用された人も、全員が（コールセンターで）電話を受けて、自分が1つの部署だけでなく会社全体にフィットしていることを証明してもらいます。

採用のプロセスは長くて、選考も徹底しているとはいえ、新入社員研修は最終審査でもあります。1カ月の研修で、その人の本当の姿が見えてくるからです。勤怠管理のポリシーを悪用しそうな人、与えられた仕事をごまかして楽をしようとする人、実はチームではうまく働けない人など、現実が見えてきます。

おもしろいことに、2週目あたりから、多くの人が「永遠に終わらない！」と言い出します。

とても長く感じるのでしょうね。でも、最後の4週目になると、「金曜日で修了なんて信じられない」と。うまくフィットしているように見える人は、研修を通じて素晴らしい人間関係を築き、友人をつくって、私たちの文化の土台を体現し始めています。そして、うまくフィットしない人は、会社がお金を払って辞めてもらいます。これは全員にとって意味のある取引です。

メガン：文化の土台は、「自分はチームの一員だ」という意識です。チームビルディングを学ぶ取り組みは、いろいろやっています。中学校の授業のような、卵落としゲームもありますね。卵が落ちても割れない装置をチームで考えて作り、ビルの2階の高さから、実際に卵を落としてみます。

このようなアクティビティは、最初はゲームみたいで楽しいけれど、楽しいだけではありません。私たちのコア・バリューを学んでいるのです。まさに「より少ないものからより多くの成果を」です。チーム精神とファミリー精神でコア・バリューを実践します。

ステファニー：チームビルディングのアクティビティの多くは制限時間が決まっているから、うまくいかないかもしれないことを、あれこれ考える時間の余裕はありません。これも私たちがザッポスで心がけていることです。

「うまいくいかなかったらどうしようかと、考えるな。**成功したときのことを想像して、うまく機能することを想像して、そこから逆算して動け**」。新入社員には、新しいことに挑戦する習慣を身につけて、恐れることなく、お互いのアイデアをもとにチームを築き、お互いの失敗から学んでほしいのです。

ザッポスが1つになるために

ベロニカ：新入社員研修の最後に、パレードをします。衣装を着て、キャンパスの中を練り歩きます。電話に出るときは、ありのままの自分で接してほしいですね。それが顧客と心から向き合うことにつながります。

コールセンターで電話を受ける人も、CFOになる人も、どんなポストで働く人も、常にザッポスという体験を提供しています。独自のやり方でかまわないし、方法は1つではありません。研修で基礎を学べば、現場に出てからあらゆる場面で、自分らしく振る舞うことが会社を代表することになります。

メガン：研修がすべて終わったとき、最後に新入社員を教室に集めて話をします。「この研修でザッポスの文化にどっぷりと浸かって、ザッポスの文化がどういうものかを理解してもらいました。次は、一人ひとりがこれを維持しなければなりません。誰にも強制はできません。みなさんが現場に出て、私たちの文化を確実に維持するしかないのです」

適切な道具を手に自分たちの力で行う、それが私たちの仕事です。

ベロニカ：研修中にだんだんリラックスする様子も楽しいですね。企業で働いた経験のある人が、初日はドレスシャツにスラックスでやってきます。それがカジュアルだと思っているから。そして新入社員研修が終わる頃には、お気に入りのバンドのTシャツを着ているんです。生物の変態ですね。

服装が変わるだけではありません。変態は創造性と興奮を解き放ちます。ザッポスでは自分の個性に価値があるのだと、気づくのです。ザッポスで大切なのは、自分にしか提供できないものを差し出すことです。

メガン：そのとおりね。私たちは見かけで中身を判断したりしない、それは胸を張って言えます。そこまでやる理由は、ザッポスが1つになって仕事をしたいからです。そのためには採用する一人ひとりを見極める必要があります。スーツの着こなしや履歴書だけでなく、人物そのものを。

私たちの家族に迎え入れる人を、丸ごと大切にしたいのです。

見かけで判断しない？　それはそうなんだけど……
皮肉なことに、この本を手がけたチームは、フォントやレイアウト、言い回しなどなど、表紙のイメージを繰り返し試したんだ。クリスタと私はブランド・ビジョンの担当だから、何回も確認したよ。数百回くらい……だったかな。途中でよくわからなくなって、みんな同じに見えてきたから、私のアドバイスを聞くのはやめて、自分たちでいいと思うようにやってほしいと言った。この本が気に入ってもらえるとうれしいね。

外見は人を欺くときもあります

ジョニー・ブロケット Johnnie Brockett
財務・売掛金部門
数学は大の苦手だった私が、今は財務部門で働いている。

私を好んで採用しようという会社です。

自分でもわかっています。私の外見を理由に、採用しようかどうか、検討する気さえ失う会社はたくさんあるでしょう。タトゥーに金歯。典型的な「会社員」にはまず見えません。

私はノースカロライナ州のフェイエットビルで育ちました。陸軍のフォートブラッグ基地の地元です。タフな町ですよ。私にぴったりの町でもあります。でも、ほとんどの会社の人事部は、私に自己紹介をする隙さえ与えませんでした。

ザッポスは違いました。彼らが注目するのは、あなたの心根に何があるか、他人をどのくらい大切にできるか、ということです。やるべきことをやる、誠実なことをする、それをどのくらい意識しているか、ということです。これらはすべて、外見よりはるかに重要なことです。

外見は人を欺くときもあります。

私が入社して2週間後、まだ研修中だったとき、ダウンタウン・カクテルルームでミーティングが開かれました。店内の大きなテーブルを囲んだ全員が、ザッポスで売っているチャック・テイラーのTシャツを着ていました。チームのリーダーも、マネジャーや役員も、あらゆる人がいたのですが、私は彼らが誰なのかわかりませんでした。新入社員も含めてみんなで、何となく雑談をしていたのです。それがこの会社です。

彼らが長い間、私をとにかく信頼してくれることにも驚いています。自分では想像もしなかった人間に成長しました。私は大学に行ったことがありません。まったくないのです。ビジネスについてはすべて、ここで働きながら学びました。出世しましたよ。私が必要とされるポストを経験してきました。先週は2億5000万ドル（270億円）の取引を処理しました。私が1人で。1人きりで。

社員、それが私たちにとってのナンバーワン

バーナ・プロヴェンザノ Bhawna Provenzano
福利厚生・ウェルネス部門　責任者
これまで15カ国を旅してきました。次の冒険が待ち遠しい！

思いやりがあって、変化を起こしたいと考えている人を採用します。

そして私たちも、社員に変化を起こすような福利厚生を提供して、彼らに思いやりを示します。それが私たちの仕事です。

まず、社員にとって障害になりそうなことを、できる限り取り除くようにしています。最悪の出来事が起きても、医療費を会社が支援して、治療やそれに伴う費用で破産に追い込まれることがないようにします［米国では医療費が自己破産理由の大半になっている］。

それだけではありません。私たちは社員に安心してほしい、健康だと感じてほしいのです。基

本的な生活の心配をする必要はないと、知っていてほしいのです。だから、私たちは誠意を示します。給料をもっと払って、福利厚生にもっとお金をかける。これは目的と思いやりに基づく決断です。もちろん、企業としてコストを考えなければなりません。ただし、私たちの場合はコストが第一ではありません。

社員、それが私たちにとってのナンバーワンです。

社員、そしてコア・バリューと文化が、私たちの北極星です。

だからこそ、彼らに「ワオ!」を感じてほしいのです。

そこで、可能な限り最高の医療費給付プランや、充実した産休育休制度、ほかの会社では夢のようなサポートに加えて、現場に即したさまざまな福利厚生や手当てを提供しています。

例えば、ペットの里親探しの費用を会社が負担します。仕事場に犬を連れてきて、ほかの社員と遊ばせたり、ゆっくり過ごせるようにして、絆が芽生えてペットとして飼いたいという人が現れたら、譲渡にかかる費用を会社が出します。企業なのに不真面目だと思うかもしれませんが、社員の提案から生まれたもので、もちろん喜ばれています。

福利厚生とウェルネスのアイデアの90%近くは、社員のフィードバックから生まれます。「こんなことをしてみませんか?」「これはどうでしょう?」と、彼らからメールが来ます。新しいアイデアを試すのは、社員に可能な限り最高のサービスを提供したいから、それだけです。

マラソンに挑戦する社員のエントリー料を払い、大義のある活動に5000ドルを提供します。また、勤務時間内にフィットネス教室を開催しています。社員は自分や家族のためにミールキットを購入できます。オフィスの屋外に、共同でガーデニングができるスペースもありますよ。

正しく採用すれば、社内恋愛もうまくいく

マリッツァ・ルイス Maritza Lewis
エンゲージ・チーム

夫と私は以前の職場で知り合いましたが、デートはしていませんでした。職場で禁止されていたんです。ザッポスは？　ここはカップルが多いですね。同僚と交際しても隠す必要はありません。同僚の前でイチャイチャするとか、極端なことをしてはいけないとわきまえているけれど、ルールはありません。私たちは大人だから。ザッポスは採用の過程で、「わかっている」人、文化にフィットする人、周囲の人のためにやるべきことをしたいと考える人かどうか慎重に選考しているから、うまくいくのです。

私の仕事の一つは、新入社員研修で8時間をかけて、会社の歴史を教えることです。会社の歴史の一部として、社内恋愛の話もします。創業者のニック・スインマーンは、妻のギャビーとザッポスで出会いました。ニックがギャビーと付き合い始めた頃、当時の人事担当者が彼を呼び出しました。「ニック、どういうつもりだ？きみはこの会社の創業者だ。社員と付き合うなんて！」。

ニックは「どうして？」と聞いたそうです。

人事担当者は言いました。「素晴らしい結末を迎えて、彼女と結婚することになるかもしれない。あるいは——もしかして——最悪の結末になれば、彼女はきみからすべてを奪いかねないぞ！」。

ニックはギャビーのほうを見ながら言いました。「最悪の可能性ばかり考えるのではなく、何か良いことが起きると考えたほうがずっといいよ」。

2人は結婚して、息子が1人います。今もザッポスにはたくさんのカップルがいます。一緒に働いているカップルもいれば、違う部署同士も。唯一のルールは、直属の部下あるいは上司と交際してはいけないことです。

会社の文化にフィットする信頼できる人を採用すれば、彼らは正しい振る舞いをすると信じることができます。

20％の時間を仲間と絆を築くために使う

ザッポスで働いていてユニークだと思うのは、自分の時間の20％を、同僚やほかのチームの仲間と関係を築いて、絆を深めるために使うことです。普通の会社なら、自分の席に座っていないとどうなりますか？　何かと困りますよね。

でも、ここではキャンパス全体がＷｉＦｉを使いやすいように設計されています。いろいろな所にちょっとしたスペースがあります。自分の席にいなくても大丈夫だという意識が身についています。むしろ、席でじっとしていてほしくありません。

オフィスでネイルをしてもらったり、陶器の絵付けもできます。車を駐車場に止めている間に、オイル交換や洗車をしてもらえます。こうしたことのために、仕事の後や週末に時間を取られずに済みますよね。敷地内のジムは多くの社員に重宝されています。仕事の合間にシャワーを浴びるもよし。フィットネス教室はチームビルディングにも貢献するんですよ。日中の仕事の合間に、チームみんなでヨガやダンスの教室を受講して、一緒に楽しんでいます。

すべては社員の障害を取り除くためです。福利厚生は総合的に考えます。これはサービスです。「社員の生活をより良くするために、私たちに何ができるか？」と考えるのです。

社員の家族にも、できるだけ多くの医療費給付と福利厚生を提供しています。配偶者や子どもの健康について心配事があると、仕事への集中力がそがれて、顧客に素晴らしいサービスを提供して会社の利益に貢献することにも影響を及ぼすからです。

米政府の医療保険制度改革法が施行されたときも、社員の家族に関する内容は、その大半を私たちはすでに導入していました。やるべきことだったからです。ほかの会社の苦労もいろいろ聞いています。コンプライアンスを実践するには莫大なコストがかかります。生産性が低下したり、さまざまな混乱も起きたりします。

でも、私たちにとっては簡単なことでした。社員を大切にして、やるべきことをやるだけです。負担などではありません。長い目で見れば、そうするほうが簡単だし、費用対効果も高いのです。

仕事をしている間は日常生活が停止しているわけではなく、ザッポス・ファミリーのために働くという感覚は、家に帰ったら終わり、とはなりません。

グーグルやフェイスブックなど、アメリカで最も高収益で急成長している企業のいくつかが、居心地のいいオフィスを構えて、福利厚生も充実しているのは偶然ではないでしょう。でも、そういう企業は、まだまだ少ないですね。

ザッポスのモットーは「一生懸命に働いて、一生懸命に遊ぶ」。オフィスの遊び場や仮眠室、毎週の楽しいイベント、キャンパス内にあるバーなど、福利厚生の楽しい部分はメディアで取り上げられることはあっても、その裏側はあまり注目されません。この会社の文化を維持して発展させるために、社内の人々は本当に一生懸命に働いているのです。

ロビーにあるバーの発案者でクリエイターのレタ・マイルスは、社内見学ツアーのガイドであり、ラスベガスのダウンタウンでバーテンダーとしても働いているんだ。自分の命よりプリンス（プリンスと呼ばれたアーティスト）を愛してやまない（『プリティ・ウーマン』のファンなら、ジュリア・ロバーツ演じるビビアンがヘッドホンをしてお風呂で歌っていたのはプリンスの曲ってわかるでしょ？☺）。レタはこのバーに完璧な名前をつけた——「１９９９」（プリンスの代表作のアルバムタイトルであり、念のために言っておくと、ザッポスは１９９９年に設立されたんだ）。

社員が会社にとって本当に最も重要な資源なら……

信じられないほど一生懸命に働いてこなかったら、創業から20年で今の私たちはなかったでしょう。そして、この会社が提供する本物のサポートがなかったら、誰もここまで一生懸命に働かなかったでしょう。これはどちらも真実です。

些細なことも、不真面目などではありません。自分が働いている間に誰かが洗車やオイル交換をしてくれたら、その1時間か2時間分を、週末に家族と過ごせます。家では日々の暮らしを心から楽しんで、雑用で週末がつぶれることもありません。そして、月曜日の朝に出勤したときに、家族と過ごす機会を逃したと思うこともありません。

オフィスに終日閉じ込められて、席を離れることも許されなかったせいで家族を犠牲にしているなんて、感じなくなるでしょう。物事を見る目が変わるのです。それが会社や顧客にもたらす恩恵は、「些細なこと」に関連する名目上のコストに比べれば、はるかに大きいのです。

社員が会社にとって本当に最も重要な資源なら、それにふさわしい扱いをすることは理にかなっています。私たちの会社の文化を通じて、社員に「ワオ！」を感じてほしい。私たちの商品を購入してくれる顧客にも、同じように「ワオ！」を感じてほしい。だからできる限りのことをします。

ごく当たり前のことでしょう？　社員のためにやるべきことをすれば、社員は会社のためにやるべきことをします。

3

INDIVIDUALITY WELCOMED

個性を本当に歓迎する

南極から送られてくる「今日のジョーク」

ジェフ・ルイス Jeff Lewis
カスタマー・サービス・テクノロジー

あるとき、顧客から「今日のジョーク」について問い合わせがありました。彼はマクマード基地の――あの南極基地の――清掃責任者で、毎週月曜日のミーティングの際に私たちのカスタマー・サービスに電話をかけて、「今日のジョーク」を聞いていました。私たちのジョークはミーティングのハイライトになっていて、自分たちもジョークを投稿できないだろうか、という相談だったんです。私たちはこの話に乗って、1週間後には南極から届いたジョークを採用するようになりました。

1カ月くらい経って、マクマード基地の清掃スタッフから大きな箱が届きました。世界中の、ありとあらゆるお菓子が詰まっていました。南極からはるばる来たので賞味期限が切れているものもありましたが、マクマードのチームの心遣いは今も心に残っています。

ただちょっと変な会社だと思ってもらいたい

ローレン・ベッカー Loren Becker
コミュニティ・チーム
足に水かきがあるんだ。

「今日のジョーク」の始まり

カスタマー・サービスの電話で「今日のジョーク」を提供しようと思いついたのは、ある社員でした。何年も前のことです。電話をかけた人は誰でも、カスタマー・ロイヤルティ・チームと話をする前に「今日のジョーク」を聞くことができます。

えーと、ローレン……今さらだから言いにくいけど、それ私のアイデア、だよね。高校時代のいたずらから生まれたんだ。コンピュータ・ラボのモデム付きのコンピュータか

ら。この話は最初の本『ザッポス伝説』でも披露している。

私は、誰か976の付いた電話番号について知っているか、聞いてみました。976の付いたいろいろな電話番号のコマーシャルをテレビで見ていたからです。例えば、976に続けてJOKEとかければ、1回99セントの料金で、「今日のジョーク」が聞けるのです。そこで、976－JOKEを試したのですが、あまりおもしろくないジョークでした。

もっとおもしろいジョークを聞こうと再度同じ番号にかけてみましたが、同じジョークがまた流れてきました。思えば、あれは「今の」ではなく、「今日の」ジョークだったわけなので、当然と言えば当然でした。（『ザッポス伝説』より）

これはマーケティングの戦略でも、無料通話の費用を抑えるために通話時間を短くするためでもありませんでした（オペレーターにつながる前にジョークを聞けば、通話時間が長くなります）。少なくとも直接的には、売上げにもつながりません。

何か楽しいことをしたかった、それだけです。私たちに電話をかけるとおもしろいですよと、顧客に知らせるためでした。電話をかけてきた人は、その日に嫌なことがあったとしても、緊張

をいくらか和らげることができるかもしれません。注文に問題があったからカスタマー・サービスに電話をしなければならず、貴重な時間をつぶされたというのも、「嫌なこと」でしょう。

要するに、ザッポスはちょっと変な会社で、それを知ってもらいたいのです。

社員は電話をかけてきた顧客や業者に冗談を言ってかまわないし、自分の判断でメッセージカードやギフトを贈ることもできます。会話が弾めば、時間を気にする必要もありません。自分らしく対応する自由があるのです。職場で自由が認められるなんて、めずらしい話ですよね？

許可を求めずに安心して自由に行動できる会社

ラスベガスのダウンタウンにある私たちのキャンパスを見学ツアーで訪れる人は――信じられないくらい多くの人が来ます！――感動します。ロビーのすぐ横にバーがあって、ゲームセンターで社員が昼間からテレビゲームやスキーボール（ボーリングのようなレーンの先の的を狙ってボールを投げるアーケードゲーム）をしているのだから。忘れ物をロビーのコンビニで買っている社員を見て、自分の職場にもあったらいいのに、と思うそうです。

つまり、ラスベガスの旧市庁舎の見学ツアーでもあるね。

社員に与える自由と自主性は、軽薄なお遊びではありません。意図的なものです。自分の最善の判断に従って、許可を求めなくても自分で行動していいということを、ここで働くすべての人に理解してもらいたいのです。「失敗したらクビになるかもしれない」なんて思わずに、リスクを選んで新しいアイデアに挑戦できるのです。

私たちが生まれたばかりのスタートアップなら、よそでは通用しない風変わりなやり方だと、切り捨てることもできるでしょう。初期の頃はそういう批判もありました。でも、私たちにはすでに確かな実績があります。私たちが社員に認めている自由の大きさを見て、「なるほど、何かあるのかもしれない」と思う人も増えてきたでしょう。

ご機嫌な社員は自然と軽快なサービスを提供できる

表現の自由と総合的な自主性が私たちの文化の一部であることは、職場においてだけでなく、顧客にどのようにサービスを提供するか、という意味でも重要です。あまりに堅苦しかったり、神経質だったり、規則に縛られたりしていると、カスタマー・ロイヤルティ・チームは――最前線で顧客と体験を共有する人々は――いつも同じ情熱でサービスを提供できないでしょう。そのことは私たちもよくわかっています（実際に「私たち」らしくないルールを決めようとして、うまくいかなかったこともありました）。

不機嫌でイライラしていると、電話のやりとりも不機嫌でイライラしたものになりがちです。一方で、社内の「タコス・チューズデー」を楽しんできたばかりの人は、「お電話ありがとうございます。今日は何か楽しいことがありましたか？」と、軽快に応対するでしょう。オフィスで得たエネルギーを顧客に還元して、すべてが1つにつながるのです。

ルールがまったくないわけではありません。ガイドラインはあります。車を運転するときは車線が決まっていますよね。制限速度もあります。人生にも、車線をはみ出したり、衝突したりせずに、誰もが自由にドライブを楽しめるガイドラインがあります。そのガイドラインは時間とともに変化して、適応していくのです。

私が14年前にカスタマー・サービスで働き始めた頃は、おまけを付けるなど、今よりもう少し自由な判断が許されていました。「何か些細な問題があったら、その靴は無料で進呈してかまわないよ！」という感じでしたね。今はカスタマー・サービスで対応する件数もかなり多くなって、スタッフの裁量権を少し狭くせざるをえません。

それでも私が最近、久しぶりに2時間ほど電話に応対したとき、ある女性に靴を1足、無料で差し上げました。そうするべきだったからです。ただ、カスタマー・サービスのすべての問い合わせで、そこまでの補償ができるわけではありません。クーポン券を提供する、商品の交換に応じる、ちょっとした思いやりと理解を示すなど、さまざまな対応があります。それでも、社員が自分で判断して「やるべきことをやる」自由を、何か大きなルールで制限したことは一度もありません。

私たちがコア・バリューにこだわって、サービスを第一に考えている限り、すべてうまくいきます。すべてです。短期的に何かうまくいかないことがあっても、長期的に見れば、この方式はうまくいきます。とてもうまくいっています。

小さな共感の大きな効果

ケリー・スミス Kelly Smith
実験的マーケティングとブランド戦略
人間の脳を手で持ったことがあるの！　私にとっていちばん奇妙で、いちばんクールな経験の一つです。

責任とは「対応能力」であると、私は思います。

社員一人ひとりに、本当の意味で意思決定の権限を与えて、自分の心に従って行動し、会社の信頼できる代表として顧客とかかわりながら共感を示せるようにしています。台本はいっさいありません。

自分の直感を信じて、上司に聞いたり、委員会に許可を求めたりしなくても、常に「やるべきことをやる」ように奨励しています。カスタマー・サービスの電話では、不測のミスを補うために、ときには顧客を笑顔にするために、無料または割引価格で商品を提供することもあります。

励ましを必要としている顧客にカードや花を贈ることも、担当者の判断で決めることができます。そうしたことが大切だとわかっているから、予算も用意しています。自分が気持ちよくなって、顧客も気持ちよくなって、さらには会社にとって良いことだからです。

小さな共感は大きな効果をもたらします。顧客ロイヤルティの数字が、それを証明しています。ザッポスではあらゆるソーシャルメディアのコメントを追跡して、「推奨者」と「中立者」の割合をもとに、顧客ロイヤルティを随時確認しています。

私たちの業界では一般に肯定的な評価が約60％ですが、ザッポスは約90％を維持しています。BBB（ベター・ビジネス・ビューローによる企業の信頼度評価）は最高ランクのA＋です。**社内調査では顧客の98％以上が、「自分と接したザッポス・ファミリーのメンバーが、自分のことと、自分がザッポスに連絡した理由を、心から気にかけてくれていると感じる」と答えています。**

心からです！　私たちは、他人のことを心から気にかけて、世の中をより良くしたいと心から思っている社員を求めています。そして、顧客にポジティブな体験を提供することによって、実際に世の中をより良くしているのです。

いつのまにか、世の中でカスタマー・サービスの評判が悪くなりました。自分が顧客だったらこんなふうにされたいと思う対応を提供することは、長期的な利益をもたらしますが、あまりにも多くの企業が、短期的な利益を追求するという誤った判断を下してきたのでしょう。その結果、アメリカ人は助けを求めて電話をかけるたびに、戦う覚悟をしなければなりません。

自分はそれなりのお金を払っていて、約束したものが届かないという、受話器の向こう側の会社が明らかに悪い場合でさえ（ケーブルテレビや航空会社など、家庭や職場で必要不可欠なサービスを提供する大企業のカスタマー・サービスで、うんざりするような経験をしたことが「ない」人がいるでしょうか）。

お粗末なカスタマー・サービスとの電話は、あなたの1日を台無しにします。みんなよく知っていることですよね。

ところで、優れたカスタマー・サービスとは、どのようなものでしょうか。あなたのことを心から気にかけて、あなたが当然受けるべきことを提供する権限がある人と電話で話をしたら、その日はずっと気持ちよく過ごせるでしょう。

そして、自分にふさわしい扱いを受けた人は、家族や友人にその話をします。さらに家族や友人も含めて、リピーターになるのです（実際に数字もそれを示しています。次の章でザッポスのCOO［最高業務執行責任者］から、この投資のリターンの大きさを説明しましょう）。そして、彼らはその恩を次の人に送るのです。

本当なんです。親切は伝染します！

この本でも折に触れて、ザッポスの顧客との実際の電話をめぐるエピソードを紹介しています。

私の言いたいことがわかってもらえるでしょう。

こんなときこそザッポスの出番！

ローレン・ペッパート Lauren Pappert
カスタマー・ロイヤルティ・チーム

ワシントンDCのコメディアンだと言う男性からの電話を受けたことがあります。私はいきなり聞いてみました。「あなたはおもしろいんですか？」。上手に野次を飛ばす聴衆のまねをしたつもりでしたが、ピントはずれですよね。彼は笑い飛ばして、もうすぐ舞台があるから、おもしろいといいんだけど、と言いました。そして、彼の注文番号を確認すると、私の大好きな映画にたくさん出演している有名なコメディアンだったのです！　恥ずかしい！

配送が土曜日の舞台に間に合わないことがわかって、彼は注文をキャンセルしたいと言いました。こういうときこそザッポスの出番です。私は言いました――間に合わせる方法を考えます。

あちこち探してみると、同じ靴がアマゾンで見つかって、土曜日に届くことがわかりました。彼は感激して、私との電話を切る前にネットで注文したんです！

彼に靴を届けたのはザッポスではありませんが、楽しい会話と、彼のニーズに合わせた解決策と、幸せを届けることができました。

あの土曜日の夜、彼の舞台が大成功して、たくさんの人を笑顔にできていたらいいなと思っています。私との会話がほんの少し貢献できたかもしれないと考えると、うれしくなります。

信頼を前提にした人事部

ホリー・デラニー Hollie Delaney
CHRO（最高人事責任者）
NHLのベガス・ゴールデンナイツの大ファン！　ホームの試合は欠かさないし、アウェイにもしょっちゅう遠征するわ。

すべては信頼に帰結します。

ザッポスでは「社員の95％が、やるべきことをやるように」マネジメントしています。ほかの会社なら、人事部は「間違ったことをしそうな5％の人を管理して、確実にカバーしよう」とします。つまり、人は基本的に間違ったことをするという前提に立っているのです。

でも、ザッポスのアプローチはまったく違います。私たちは、人はやるべきことをやると信頼しています。みんなが前向きな意志を持っているという前提なので、ルールやポリシーを細かく決める必要はありません。そうすると、どうなると思いますか？　典型的なルールを片っ端から導入していた会社で私が経験したような問題や不満は、ここにはありません。

私は比較のために、「人事部で何件の苦情を受けたか」「古い人事の世界とザッポスで、それぞれどのくらい問題に直面したか」という指標を考えてみました。すると、私の以前の仕事であれこれとポリシーや手順が決まっていたときに比べて、ここで起きる問題は少ないのです。

ここでは私の時間の95%を、5%の人のコンプライアンスの問題に費やす必要はありません。私の時間のほぼすべてを、社員が働きたいと思う会社にするためにどうすればいいかという、もっと重要なことに充てています。

善意は長く続くのですから

ジェフ・エスパーセン Jeff Espersen
マーチャンダイジング責任者

休日に女性から電話がかかってきて、届いた商品が盗まれたと怒鳴り始めました。私は腕をできるだけ伸ばして受話器を耳から離し、声をかけるタイミングを待つしかありませんでした。彼女は完全に戦闘モードでした。

もし私がほかの会社で働いていたら、彼女の話をさえぎってこう言い返したでしょう。「盗まれたという証拠はありますか？　これは詐欺ではない、あなたは追加でブーツをせしめようとしているわけではないと、私には判断しかねます」（女性は注文したブーツが3足、配送業者が置いた場所から盗まれたと言っていました）。

でも、ここはザッポスです。会社は私たちがやるべきことをやると信頼しているし、私たちは、顧客はだましたりしないと信頼しています。だから言いました。「事情はわかりました、盗まれたなんてお気の毒です。注文情報は手元にありますか？　注文の内容はわかりますか？　在庫を確認します」。私は彼女の話を聞いて、新しい靴を無料で送る手続きをしました。彼女は予想外だったのでしょう。電話の最後にこう言いました。「ワオ！　それなら……それなら安心だわ」

代わりのブーツが自分のもとに向かっていると聞いて、彼女はとても喜び、怒りもすっかり収まりました。彼女はきっと、知り合いみんなに話したでしょう。今もそのブーツを履くたびに、この話を披露しているはずです。

会社のコストは？　たいしたことではありません。でも、善意は長く続きます。あの電話の後は、私もうれしくなりました。何かいいことをして、その人の1日をはるかに幸せにできたのですから。

4

TRUST IN ACTION

本当に信頼してもらうために
やっていること

クリスマスには社員全員で電話を取る

タイラー・ウィリアムズ Tyler Williams
ブランド・オーラ責任者
ティムズ・カスケードのハラペーニョ・チップスがお気に入り。

ザッポスに来て8年。これまでのキャリアで最長記録です。

私のお気に入りのエピソードは、ホリデー・ヘルパーに入ったときのある出来事です。クリスマス休暇のシーズンはザッポスの全社員が電話に応対します。カスタマー・ロイヤルティ・チームの負担を少しでも減らすためにね。

全社員というのは、本当に、経営陣まで全員です。素晴らしいことです。社員があらためてつながりを感じて、ザッポスの基本に立ち返ることができます。ホリデー・ヘルパーをするときは、電話の応対をもう一度最初から勉強します。久しぶりなら少し緊張するし、「誰かの時間を無駄にしたくない」と、背筋が伸びるでしょう。

あるとき、年配の女性が靴を返品したいと電話をかけてきました。彼女は必死に訴えていました。「外反母趾が痛くて、この靴が合うんじゃないかといろいろ試したんですよ。家の中を歩き回って……」。私も最初は、「問題ないだろう、このまま返品の手続きをしよう」と思いました。でも、パソコンで彼女のアカウントを開くと、あらゆる警告や、同僚からのコメントが書き込まれていました。この女性はこれまでに100足以上の靴を購入して、1つ残らず返品していたのです。

電話の向こうで彼女が自分は正しいと主張している間に、私はこれまでのメモを読んで、しばらく前からこの女性をめぐって、カスタマー・ロイヤルティ・チームで議論が続いていることを理解しました。

同僚の中には、彼女が無料返品のポリシーを利用して私たちをだましているかのように、警戒している人もいました。彼らは「この女性は排除するべきだ！」という調子でしたが、様子を見ようという意見もありました。

「話を聞いてみると、一人暮らしなんだ。年金が頼りで、ずっと家にいる。何か荷物が届くだけで、その代金を払う余裕がなくても、彼女は幸せになれる」

そして、私はあるメモにたどり着きました。CEOのトニーが書いたものでした。彼も私たちと同じように、休暇シーズンに電話を受けていたのです。彼のメモにはこんなふうに書いてありました。「彼女に今後も靴を注文させてあげよう。それが彼女を幸せにする」

これが「ワオ!」ですよね。

こういう出来事があると、この会社がますます好きになります。これがリアルな体験なのだと、あらためて気がつきます。私たちがこの本で話していることもすべて、私たちのコア・バリューはすべて、リアルなのです。「幸せをお届けします」というショーや演技ではありません。

要するに、私たちは顧客を信頼しています。世界の大多数の人は誰かをわざわざ傷つけたりしないと、信じています。靴を次々に返品する人は、そうする理由があるのでしょう。1人の女性のための送料で、会社は少々損をしますが、倒産するわけではありません。私たちは幸せを届けているのです。彼女の世界を、ほんの少し明るくしているのです。それだけの価値はあります。

もちろん、ルールには例外があります。詐欺師も実際にいます。タダで手に入るものはないかと物色している人もいます。でも、この会社は20年前から、カスタマー・サービスの最前線にいます。統計的に見ても、詐欺師や泥棒との遭遇は、1日当たりの回数で言えばほぼゼロです。そんなに小さな確率を、絶えず警戒することもないでしょう。

もちろん、詐欺師を見逃すことはしません。排除もします。不正をした顧客には警告します。私たちも馬鹿ではありません。ただ、すべての顧客をペテン師であるかのように扱うことはしません。ペテン師はごく一部なのですから。

CEOになったような気分

このポリシーには、会社が私たち社員をどのように扱っているかということが、そのまま反映されています。新入社員研修が終わると、ザッポスの社員として権限を与えられます。上司がいつもそばにいて一挙手一投足を管理する職場ではないことを理解して、それに適応するのは大変なことです。研修を受けて、同じ考えを持つチームの一員になったら、顧客を幸せにするために必要なことは何でも自由にできます。

私たちの顧客の大半は、最初から満足しています。ザッポスではサービスを提供するという精神が根付いているので、ほとんどの顧客は何の不満もありません。否定的なレビューや、ソーシャルメディアで批判が爆発的に広まると、良い会社もあっという間に悪者に見えてしまいます。でも私たちは、ソーシャルメディアが普及するずっと前から、そのような状況をうまく利用してきました。ごくたまに満足してもらえない人がいたら、彼らにこそ素晴らしいサービスを提供して「ワオ！」を届けるのです。彼らは、自分がザッポスでどれほど驚くような体験をしたか、すべての友人に言わずにはいられません。

顧客からの電話に出ていると、自分が会社のＣＥＯになったような気がします。顧客を「ワオ！」と思わせるために必要なことなら、やってはいけないことはない。そういう精神に駆り立てられます。

ほとんどの会社のコールセンターは正反対ですが、それこそが「カスタマー・サービス」がいわれのない非難を受けている理由でしょう。カスタマー・サービスに電話をかけると、台本を読み上げているような応対をするところもあります。あなたを困らせて、二度とその会社と取引をしたくないと思わせるために、用意されたかのような台本です。誰でも経験したことがあるでしょう。とてもイライラさせられますね。

でも、私たちはザッポスで、顧客と本物の会話をしています。日常生活について質問したり、ジョークを言ったり、一緒に笑ったり、一緒に泣いたり。彼らの話に耳を傾けるときは、１日限定のセラピストになるのです。

この会社の一員になると同時に、顧客を幸せにするためにやるべきことをやる自由を与えられます。カードや花を贈るための予算もあります。お得意様に、さらにお得なクーポンなどを提供することを常に心がけている人もいます。最良のお客様に報酬やインセンティブを送ることに、情熱を燃やしている人たちが何人もいます。大声で文句を言う人が勝ち、ではないのです。

たしかに、会社としてはコストがかかります。でも、それはブランドへの投資です。スーパーボウルに1回CMを出すより安い費用で（私たちは今後もスーパーボウルにCMを出すことはないでしょう）、何千人もの顧客に可能な限り最高の方法でサービスを提供できます。そして、クチコミやソーシャルメディアでの人気は、コストをはるかに上回る効果を必ずもたらします。

ザッポスブランドの擁護者を生み出す

アラン・ラジャン Arun Rajan
COO（最高業務執行責任者）
初めての8000メートル耐久レースで、救急治療室に運び込まれた。耐久イベントは水分補給が命運を分ける。☺

「クリスマスに間に合います」キャンペーンの混乱

ミスは必ず起きます。配送の不手際、倉庫での取り違い、サイズや色の違う商品を顧客に届ける。販売量が大規模になると、特に配送に関して、ミスは避けられません。可能な限り完璧なシステムを目指して、間違いをなくそうと20年以上努力してきましたが、それでも起きてしまうのです。このようなミスは、私たちに限らず、顧客を不愉快にします。

しかし、このときに多くの企業が、とてつもなく大きなチャンスを逃しています。ミスをチャンスに変えて、不満を持っている顧客をお得意様に変えるために、やれることをすべてやってはいないのです。

顧客を幸せにするために私たちがどこまでやるか、極端な例を紹介しましょう。２０１７年12月のクリスマス直前に、私たちは迅速な配送をアピールするために、すべての人を対象に「12月23日正午までの注文は、クリスマスに間に合います！」というキャンペーンを展開しました。残された時間は２日と少しでした。

数百万人の顧客にメールで告知してから1時間足らずで、発送センターから、もう限界だと連絡が来ました。これ以上は12月25日を過ぎるまで、１件も発送処理ができない、と。

パニックが始まりました。

注文が殺到していました。多くの顧客が、私たちが約束したクリスマスまでに商品を受け取れなくなるのです。

緊急会議が招集されました。担当者全員が会議室に集まり、全体の流れを見直しました。発送センターの人員を臨時で増やせないか？　自分たちで配送トラックを用意する？　ラスベガスからスタッフを派遣して配達をさせる？

突拍子もないアイデアが飛び交うなか、トニーが言いました。

「無料にしよう」

無料にしました。約束の期日までに商品が届かなかった人に、全額を返金したのです。すべて返金しました。

注文は1万～1万5000件。かなり高額の商品もあります。さらに送料がかかります。計算してみてください。多くの企業では、財務部門が「ありえない！　何てことをしてくれたんだ！」と言うでしょう。

でも、ザッポスでは成功談として語られています。ザッポスというブランドへの投資と考えたのです。

やるべきことだったのです。

サービスは私たちのブランドであり、私たちにとって顧客がすべてです。あれほど大勢の顧客をがっかりさせるなんて、ありえません。「ザッポスにクリスマスを台無しにされた」と言われるなんて、私たちのDNAが耐えられません。

顧客のために金を使うことは投資です。私たちは顧客のためにできる限りの投資をします。カスタマー・ロイヤルティ・チームを見ればわかります。ザッポスの従業員約1500人のうち、およそ600人がカスタマー・サービスに直接、従事しています。私たちは顧客に卓越したサービスを約束しているのですから、そのための投資を惜しみません。

ダウンストリーム・インパクト

問題が起きたときは、顧客のことを考えて、状況を正すためにできる限りのことをします。ここに驚くべき事実があります。私たちのサービスで何も問題を経験したことがない人よりも、問題を経験した人のほうが、継続して利用する傾向が見られることです。例えば、2017年のクリスマスに、注文に支障が生じて返品した人や、私たちが返金を申し出た人を追跡調査したところ、私たちのサイトを再び訪れて、さらに多くの買い物をした人が、平均的な顧客よりも多くいました。

このときだけではありません。その後もしばらく追跡調査をしたところ、あるパターンがわかりました。何か問題が起きるたびに、顧客を大切にして対応すれば、平均より長い生涯価値をもたらすことが裏付けられたのです。

商品の無料交換など、顧客を幸せにするために必要なコストはすべて、投資へのリターンを考えれば微々たる金額です。初期の頃は、これを証明するデータがありませんでした。それが正しいと推測して、やるべきことをやるという、自分たちの信念に賭けたのです。

現在は証明するデータがあります。これは私たちが「ダウンストリーム・インパクト」と呼ぶ指標で、「ある顧客のために今日何かをしたら、12カ月後、18カ月後、さらにその先に、顧客はどのように振る舞うか」を数値化したものです。その結果、顧客のロイヤルティと長期的な価値は、2~5倍に増えることがわかりました。

例えば、平均的な顧客がもたらす長期的な価値を200ドルとします。一方で、私たちのサービスで何らかの不満を体験した顧客は、その否定的な体験に肯定的な対応をされた場合、12~18カ月後に400~1000ドルの長期的価値をもたらすのです。

これは信念の賭けでも、推測でもありません。やるべきことをやって、ミスや間違いを修正すること以上の対応をして、最大限の満足と「ワオ！」にふさわしい体験を提供することが、顧客価値を2~5倍に高めているのです。

ワオ！

このデータを社内で利用できるようになったのはここ2、3年で、広く発信するのは今回が初めてです。企業がより良いカスタマー・サービスのモデルを導入して、サービス第一主義を徹底する。そのことを妨げるものがあるとすれば、とらえどころのない概念だったからでしょう。しかし、業界のリーダーがこのデータを見れば、さまざまな分野で広くサービスが向上して、大きな変化が生まれてくれると期待しています。

顧客価値を2～5倍に増やしつつ、同時に等式の両側ですべての人の体験を向上させたい。そう思わない企業があるでしょうか。

2～5倍という数字は始まりにすぎません。ザッポスブランドのカスタマー・サービスを体験した顧客のほとんどは、私たちが「愛好家」と呼ぶセグメントに成長します。ブランドを愛する人々です。愛好家になった人は、めったに離脱しません。よそ見をしたとしても、何回でも戻ってきます。私たちのブランドの擁護者になって、生涯のお得意様になります。

強力な擁護です。そして、間違いなくリアルな力です。

顧客にとって最善の判断、それ以上のことはしない

メガン・ペトリニ　Megan Petrini
新入社員研修　担当
私たちのチームは、新入社員研修の準備の合間に人気ドラマの『法医学ファイル』を見て盛り上がります。

とても意地悪な問題顧客がいました。

私たちの意思決定をデータで裏付けられるようになったことは、素晴らしいですね。問題がありそうな人も含めて、すべての顧客に真摯に対応するという意思決定をした当時を知っているとなおさら、長い道のりだったと思います。

私は2006年に入社しました。電話オペレーターとして採用され、仕事が楽しくてたまりませんでした。そして半年後に、リソース・デスクに異動しました。これはザッポスの特徴的なチームの一つで、オペレーターをサポートして、デリケートな顧客に対応します。

新しい部署で働き始めて2週間後、入社したばかりの社員が、泣きながら私の所に来ました。私はとにかく守ってあげなくてはと思い、「誰に泣かされたの？　その電話を私のところにまわして。すぐに！」と言いました。

当時は、サービスに問題が生じたときに、割引クーポンを渡す習慣がありました。使えるのは1回だけでした。

問題の顧客は50ドル引きのクーポンを持っていました。かなり古くて、1年か2年前のものでした。彼女は商品を注文してクーポンを使いました。そして、それを返品して別の商品を注文するときに、また同じクーポンを使おうとしました。もちろん使えません。

彼女は電話をかけてきて、クーポンが1回しか使えないことに「気がつかなかった」から、がっかりしたと訴えました。カスタマー・ロイヤルティ・チームの新入社員は、ザッポスではよくあることをしました。疑わしいときは善意に解釈するのです。「それは申し訳ありませんでした。1回限りのクーポンだったと思いますが、あらためて差し上げます。念のために確認させていただくと、1回しか使えません」

女性は新しいクーポンを使って新たに注文をし、返品して、また同じことを繰り返しました。断ろうとすると彼女は怒って、次に対応したオペレーターが新しいクーポンを渡しました。

これを5回か6回、繰り返していたのです。善意を悪用したのです。新入社員から話を聞いて、私は思いました。「ダメよ、絶対にダメ、これ以上はダメ」

私は愛想よく電話に出ましたが、譲りませんでした。「申し訳ありませんが、もう同じ対応はできません。できません。これが最後ですと何回もお話ししましたが、これでは悪用です。できません」

「ふん、二度と買わないから」

「それは残念ですね」

当時の私は知らなかったのですが、これはザッポスの流儀ではありません。思慮に欠ける反射的な対応でした。今でも思い出すだけで恥ずかしくなります。

「CEOにメールするからね！」と彼女は言いました。

私は「トニーにメールをするなら……」と言って、彼のアドレスを教えました。自分は100パーセント正しいことをしていると確信していました。

彼女を跳ねつけた自分を誇りに思いながら、電話を切りました。二度と電話はかかってこないだろうと思っていました。翌日、出社して自分のパソコンの前に座ると、画面に付箋が貼ってありました。トニー・シェイからでした。

「彼女にクーポンを渡すように」

私たちはザッポス警察ではない

CEOから直々に指示が来るなんて、自分が大物になった気分だった……はずがありません。私は彼女に電話をかけて謝罪しました。彼女は勝ち誇った口調で、とても意地悪でした。でも、がまんするしかありませんでした。

私がすべて悪かったのです。いつも新入社員に教えていることとまったく同じことを、私自身が厳しいかたちで学ばされました。私たちの仕事は、顧客からザッポスを守ることではありません。「ザッポス警察」ではないのです。ザッポスの体験を提供すること、それが私たちの仕事なのです。

私たちが直接話をするのは、何千万人というアクティブな顧客のうち、ほんの一握りの人たちだけです。そのごく一部の人のうち、さらにごく一部の人が、システムを悪用しようとします。そういう顧客と話をしながらポジティブな体験を提供するだけで、素晴らしい顧客に変わるかもしれません。私たちの仕事は緊張を高めることでも、会社を守ることでもありません。ザッポスの体験を提供することです。

この女性が私たちから50ドルずつだまし取ろうとしていたとしても、たいしたことではありません。1人の女性と50ドルのクーポン数枚だけで、倒産することもありません。結局、彼女は電話をかけてこなくなりました。飽きたのでしょう。私たちに固執するのはやめて、どこか別の所で同じように繰り返しながら、私たちの文句を言っていることでしょう。

現代社会では、私たちは反射的に自己防衛に走り、自分の主張を押し通して、相手をねじ伏せ、力を誇示したいと思いがちです。

でも、意味のないことです。

この場合、購入しては返品しているので、会社のコストはそれほど大きくありません。購入して、返品して、最後は自分を返品したのでしょうか。たいしたことではなかったのに、私が大事にしてしまいました。その必要はなかったし、会社にも誰にもプラスになりませんでした。

ここでの教訓は——顧客にとって最善の判断をして、それ以上は何もしないこと。会社のためでも、自分のエゴのためでも、誰かのためでもなく、顧客にとって最善の判断です。

顧客にとって最善の判断は、常に、会社にとって最善の判断でもあるのです。

私たちのやり方は完璧ではないけれど

アラン・ラジャン Arun Rajan
COO（最高業務執行責任者）
妻と子どもたちは犬が大好きだけど、僕は苦手だ。

ポジティブ思考は会社にとっても良いことです

私たちの善意を悪用する人もいます。無料の品や、本来は対象外の特典を、せしめようとします。ときどきあるんです。あまりにひどい場合は利用をお断りして、どこかよそでやってくださいと、丁重に言います。

もっとも、そういう人はあくまでも例外で、その分のコストを差し引いても、私たちをだますつもりなどない大多数の顧客を大切にするというアプローチは、きわめて大きな利益を生みます。だから続けていくつもりです。

例外に合わせて現在のモデルを変更し、サービスで本物の「ワオ！」を実践する権限をカスタマー・ロイヤルティ・チームから取り上げたなら、来年の予算を数百万ドルは節約できるでしょうね。

でも、それは信じられないほど短期的な考え方です。まったく意味がない。そんなことをしても、私たちのブランドのコア・バリューが損なわれるだけで、得るものよりはるかに大きなものを失うでしょう。私たちの最大の強みが衰えれば、ザッポスのブランドの愛好者を失って、新しい愛好者を生み出すこともできなくなります。

それで誰が喜びますか？

ポジティブ思考は自分が気持ちよくなるだけでなく、会社にとっても良いことなのです。

5

BEYOND PROFITS

利益を超えた
つながりを求めて

何かを伝えられただろうか？

ジェシー・ユハラ Jesse Juhala

販売、ダイナミック・カスタマー・サービス

今から1年前、出勤した直後に、ある女性からの電話を受けました。以前に購入したカウボーイブーツに関する問い合わせでした。在庫を確認すると1サイズ上しかなかったのですが、彼女は「それで大丈夫だと思う」と言いました。

数カ月前にも同じブーツを注文していたので、私は疑問に思い、何か問題がありましたかと尋ねました。すると彼女は涙まじりに、3日前に家が火事で焼けたと話し始めました。夫婦で引退後に建てた念願のマイホームだけでなく、車2台、犬と猫が数匹、馬1頭、そして持ち物もほぼすべて失ったのです。

しかも火事の数日後、略奪者が焼け跡の耐火金庫をこじ開け、中身をごっそり盗んでいきました。彼女は涙を流しながら話し、私に申し訳ないと繰り返しました。私は新しいブーツを無料にしました。ささやかなことですが、新しい人生をもう一度始めようとしている彼女に、何か贈りたかったのです。

彼女は大声を上げて泣き、何回もお礼を言いました。

電話を切った後も、私は気持ちを消化できずにいました。同じチームのメンバーに声をかけ、アイデアを出し合いました。そして、会社の専属アーティストのミゲルに、木箱に彼女の家の絵を描いてもらい、中にガソリンカード、ザッポスのギフト券(彼女の夫も欲しい靴があれば買えるように)、地元のレストランのギフト券を入れました。一晩くらい外に出かけて、現実を忘れるのもいいでしょう。協力した全員が署名をした手描きのカードも添えました。

彼女たちのために、もっと何かできればよかったのですが。でも、何かを伝えられたでしょう。夫婦に、自分たちが経験したことには意味があると思ってほしかった。悲惨な喪失から立ち直れますようにと、2人の幸せを私たち全員が祈っていました。

ザッポス・フォー・グッド

スティービー・バウチスタ Stevie Bautista
従業員エンゲージメント、「ザッポス・フォー・グッド」責任者
グミが大好き。

巨額の寄付を超えて

人とつながりたい、誰かのために何かをしたいというジェシーの思いは、多くの社員に共通しています。ザッポスのあらゆるレベルで、進んで実践しようと努力していることでもあります。慈善活動など、さまざまな目的で寄付をしている企業はたくさんあります。多岐にわたる業界で、世界的に最も知名度の高いブランドが慈善活動に最も熱心であることは、偶然ではないでしょう。

ウォルマート、コカ・コーラ、ゴールドマン・サックス、ターゲット、エクソンモービルなどが、毎年数億ドルとは言わないまでも数千万ドル（数十億円）を、さまざまな活動に寄付しています。これはビジネスにとって、明らかに効果があります。宣伝になります。さらには地域社会や国にとって、環境にとって、ときには全世界にとって、素晴らしいことです。

そこまでの規模の寄付には、ザッポスは太刀打ちできません。仮にできるとしても、私たちが本当にやりたいことは、寄付をザッポスの体験の一部にすることです。

おかしな話ですよね。私が入社して最初に配属されたのは労使関係の部署で、社員の解雇を決める担当者だったのですから（ザッポスも、ほかのすべての会社と同じように、ときどき解雇を通告しなければなりません。その多くは同じ理由ですが、いずれわかるでしょう）。社内では「死神」と呼ばれていました。うれしいニックネームではありません。

その後、私は慈善活動の部門に移りました。その頃ザッポスは、「与える」ことに関する常識をすべて捨てて、私たちの文化に本当の意味でフィットするものを、ゼロから築こうとしていました。チーム名は「ザッポス・フォー・グッド（Zappos for Good：『ザッポスよ永遠なれ』というフレーズに、善意の実践の意を込めている）」です。

「どのように社員を巻き込むか。心から楽しいことをやりながら、同時にたくさんの善意を実践するにはどうすればいいか」。これこそが、私たちのコア・バリューが目指す慈善活動です。

まずは地元で始めるのが理想的だと考えました。ラスベガスのダウンタウンにあるキャンパスの敷地内でイベントを開催するなら、最もふさわしい祝日は感謝祭でしょう。地元の複数の慈善団体と協力して750組の家族を招待し、感謝祭のディナーを持ち帰ってもらうことにしました。

ただし、私たちは体験重視の会社ですから、物を配る以上のイベントにしたいと思いました。集まった子どもたちに楽しんでもらうために、動物園やゲームのコーナーを設置しました。設営やスタッフはすべて、社員のボランティアでした。志願者がたくさん集まったので交替制にして、全員が参加できるようにしました。

イベントは大成功でした。次の地域社会向けのイベントについてスタッフの意見を募り、以来年間10回ほど、キャンパスで大きなイベントを開催しています。月に約1回のペースです。

特別な誇りを感じ取れるイベント

地元の動物園のために、さらに大きなイベントを開催したことがあります。ある社員が、10年以上続く家族経営の動物園を廃業の危機から救おうと奔走していました。すでにクラウドファンディングのGoFundMeで、約1万ドルを集めていました。すごいことですが、動物園が生き残るためには25万ドル以上の資金が必要でした。

そこで私たちは、2週間ほどで80頭の動物を集め、ザッポスのキャンパス全体を週末限定の動物園にしました。一般の人を招待して、入場料を払ってもらい、寄付も募ったところ、15万1000ドル集まりました。週末1回だけで！

社員と地域社会を結び付けることの効果に私たちのメンバーが疑問を持っていたとしても、頭から消え去りました。以来、イースターディナーのパーティーにイースターバニーが登場したり、さまざまな乗り物やゲームを設置したり、みんなが楽しめるイベントを数多く開催しています。**社内でボランティアのスタッフを募集しますが、毎回定員をオーバーします。つまり、私たちのやっていることを、社員が正しいと信じているのです。ラスベガスの地域社会にも愛されて、受け入れられていることは、間違いありません。**

私たちの取り組みが成功している理由の一つは、会社の宣伝のためにやっているのではないからでしょう。私の部署は、マーケティングとはいっさい関係ありません。組織としては人事部の管轄です。何よりも社員の福利厚生と応援のための取り組みですからね。人は幸せな気持ちになれることに参加したい、それが本当に良いことだと確信したいのです。私たちはメディアで報道されることを求めていないし（私たちが働きかけなくても、実際に報道されるときもあります）、最大の賛辞を求めているわけでもありません。

会社がこのような取り組みをしていることは、社員にとって刺激になります。やるべきことをやっているだけで、世間の注目を集めるためにやっているわけでもありません。だからこそ、自分が働いている会社に特別な誇りを感じることにつながるのです。それは、会社の誇りでもあります。

コストはかかります。プロム（高校で開催されるダンスパーティー）向けのイベントでは、1000人ほどの子どもが集まって、ドレスや靴、アクセサリー、タキシードを選びます。

費用はすべてザッポスが持ちます。この投資に直接的なリターンはありません。私たちの誇りと、地域社会に幸せな気持ちを広めること、それが投資効果です。これは数字を基準とするビジネスではありません。私たちの価値観の問題です。世界を少しでも良くしたいという私たちの願いです——世界のほんの片隅だけだとしても。このようなイベントに参加して、何らかのかたちで感動したことのない社員はいないでしょう。

こうした体験は、つながりをもって人に何かを差し出したいという社員の思いを、さらに高めます。その精神は、ザッポスにおけるさまざまな交流の中で、毎日さまざまなかたちで反映されています。

良いことをしながら利益を出し続けるために

ジーン・マーケル Jeanne Markel
トニー・シェイCEOの技術顧問
夫と出会ったのは道端でした。30年前、私の車が故障して、彼が助けてくれたの。

良いことをしたからといって何かを失うわけじゃない

私たちのあらゆる行動がサービス精神を体現していることを、誇りに思っています。電話で顧客に提供する時間と配慮、同僚への感謝の気持ちを込めたささやかな贈り物、慈善活動への寄付、地域社会に還元する方法。

顧客への接し方だけでなく、社員同士やベンダー、ダウンタウンの地域社会の人々とのかかわり方の指針となるような「ワオ！」の体験を、すべての人に同じように提供するために、私たちは真剣に努力しています。

この20年で証明されてきたように、サービス第一の文化を築くことは、想像をはるかに超える恩恵をもたらします。これは、企業が成長して、変化に適応して、社員がより長く働いて、変わり続ける世界を生き延びるために必要な文化です。私たちのコア・バリューとコア・マインドセットはさまざまなプラスの恩恵をもたらし、実際の数字がそれを裏付けています。謙虚であることも私たちにとって大切ですが、これは否定できない成功です。

もちろん、良いことをしながら利益も出し続けなければなりません。この両立は困難な挑戦だと誤解されていますが、私たちは実際に、良いことをしているからこそ、長期にわたって収益性を維持できているのです。このような取り組みと引き換えに、何かを失っているわけではありません。利益を大幅に減らして、地域社会に還元しているのでもありません。同時にすべての人に利益をもたらすような仕組みを作るために、さらに努力を重ねています。

ビジネスでは人間関係が重要です。取引先の業者がラスベガスに来るときは、空港に迎えに行き、食事をしたら私たちが払うと主張します。私たちが彼らの顧客でも関係ありません。打ち合わせでは、売上高や利益率など、あらゆる数字を包み隠さずに提示します。すこぶる順調な数字も、とてつもなくひどい数字も、そのまま見せます。私たちが達成できなかった数字を補うために、彼らにマージンで貢献を求めようというのではありません。私たちは正真正銘のパートナーであり、成功も失敗も、オープンなコミュニケーションで共有しているからです。

自分たちのために相手からむしり取るつもりはありません。「一緒に仕事をしましょう。本物のパートナーシップを築きましょう。あなたの製品をたくさん売りましょう。私たちはあなたの製品が好きだし、あなたのイメージを良くしたい。そしてもちろん、私たちも利益を上げたい」。そう思っているのです。

私たちは長年にわたり、自分たちより大きなブランドと付き合いがあります。ブランドの担当者は私の大切な親友です。今はマーチャンダイジングの仕事から離れていますが、これからもずっと親友です。このような友情を育んできたことは、私にとって本当に素晴らしいことです。

50年の業界のベテランの卒業に際して

アイリーン・テトロー、マイク・ノーマット、スコット・ジュリアン

マーチャンダイジング

マイク：あるベンダーの担当者と長く一緒に仕事をしていました。ええと、彼はこの業界に何年くらいいたんだっけ？

アイリーン：少なくとも50年かな。

マイク：少なくともね。彼は私たちをいろいろ助けてくれました。最初の出会いを振り返ると、当時まだ無名のスタートアップだった私たちは、ブランドを説得して商品を販売させてもらおうと苦戦していました。厳しい時期でしたが、彼は私たちを信じてくれました。とにかくいい人でした。業界の大ベテランで、みんな彼のことを知っていました。彼が引退したとき、私たちは盛大な食事会を開いたんです。

スコット：彼のためにアルバムを作って、みんなでサインをしました。大きな釣り竿とゴルフのパターをプレゼントして――。

マイク：パーティーの最後に彼が言いました。「私の会社は何もしてくれなかったよ」

スコット：驚きですよね。その会社で何十年も働いた人なのに。企業は、その類の忠誠心の価値を認めなくなりました。ほとんどの企業では、退職するときに会議室でケーキを出されたら、ラッキーなくらいです。

アイリーン：私たちにしてみれば、特別なことではありませんでした。彼に敬意を表したいと思っただけです。彼のために、ちょっとした動画も作りました。とても素敵な夜でしたよ。

マイク：今ではヨーロッパに行くたびに絵葉書を送ってくれます。「休暇中だよ！」

とね。うれしいですよ。

スコット：相手にふさわしい接し方をする自由が認められている、そういう職場で働けるのは素晴らしいことです。その人が社員ではなくても、見返りがなくても、そうするべきだという思いがあればいいのです。

自分に満足するのをやめよう

ホリー・デラニー Hollie Delaney
CHRO（最高人事責任者）
40歳で初めてタトゥーを入れた。

壊れていないなら、壊してみよう

仕事に人間性を取り入れることは、カスタマー・サービスにとってプラスとなる結果をもたらします。そのことを私たちは繰り返し証明してきました。

ほかの企業でも証明されています。アメリカの「ベストカンパニー」ランキング、特に「働きがいのある会社」ランキングを見ると、人を人として扱うというポリシーや、社員の教育や家族休暇などを支援する福利厚生が目につきます。これらの企業の大半が大成功を収めていることは、偶然ではありません。

例えば、靴メーカーのTOMS（トムス）は、靴が1足売れるたびに、靴を必要としている人に新しい1足を贈ります。ほかにも多くの企業が、世界にとって良いことをしよう、それに社員を巻き込もうとしています。あなたがザッポスのエピソードとして読んでいるのと同じように、顧客や取引業者、慈善団体などを巻き込んだ心温まる話は、数え切れないほどあるでしょう。

仕事とは、利益を上げる以上の行為であるべきです。あなたの仕事は、「誰かに言われたことをやって、会社の経営に貢献して、ボスや株主のためにカネを稼いだ」というだけではありません。少なくとも、そうあるべきではないのです。私たちザッポスは、心を開いて、変化をもたらすことをしたいと考えています。会社に、地元に、世界に、本当の意味で目的のある変化を起こしたいのです。

一般に、職場では「壊れていないものを修理するな」と言われます。本当は壊れているのに、壊れていないと言っている場合もあるでしょう。そして、何事も再検証しなければ、進歩はありえません。「足し算は自分でできるし、報告書も手書きで大丈夫。壊れていないよ！」と言い続けていたら、電卓もパソコンも生まれなかったでしょう。新しいテクノロジーは1つも存在せず、今も馬に乗って出勤していたことでしょう。

仕事でも、ほかのすべてのことについても、「壊れていないかもしれないけれど、もっといいやり方があるかもしれない」と、ときどき考えることが重要です。おそらく、そういう視点が常に必要でしょう。

言い換えれば、「壊れていないなら、壊してみよう。どんなふうに壊せるか、やってみよう」というわけです。壊せなければ、変える必要はないのかもしれません。でも、私たちがザッポスで学んだことは、壊せないものはほとんどない、ということです。何かを壊すと、現状に満足しなくなって、素晴らしいことが起きます。変化が起きるのです。成長が起きるのです。想像もしたことがないようなことが始まります――社員の中から成長が始まるのです。

自分に満足するのをやめれば、素晴らしいことが起こります。そのとき変化が起こるのです。成長が起こるのです。想像以上の大きなことが起こり、社員から成長が始まるのです。

PART

2

Cultivating

私たちは育み、成長し続ける

6

BELOW THE SURFACE

表面からは見えないものを発掘する

ユニークで意外な才能を発見する驚き

クリスタ・フォーリー Christa Foley
ブランド・ビジョン、人材獲得、社外カルチャートレーニング　責任者
フィールドホッケーの元ジュニア・オリンピアン！　ラクロスとは似ていないのよ。調べてみて。☺

私たちは人材の一部しか見ていない

会社が社員を信頼し、社員とコア・バリューを共有し、社員と共に行うすべてのことがサービスの現場から生まれるなら、彼らに多くの余裕を与えることができます。常識にとらわれずに新しいことに挑戦していいと、背中を押すことができます。彼らのユニークで独創的なアイデアを共有して、彼らのユニークな才能を発見しましょう。

意外な発見もあります。私たちが普段見ているのは、彼らのほんの一部なのですから。あるスキルを理由に採用した人が、実はほかのことに優れているかもしれません。ほかのことのほうが、はるかに優れているかもしれません。これは信頼から生まれる結果です。自分はあなたの下で成長していい、変化していいと思える信頼は、あなたの想像をはるかに超える結果を生むときもあります。

ザッポスでは経歴は関係ない

ジョニー・ブロケット Johnnie Brockett

財務・売掛金部門

今、持っている靴は、これまでの人生で持っていた靴をすべて合わせたより多い。

大学を出ていない私がザッポスで財務を任されるようになるまで

私は財務部門で働いています。会社のお金を管理して、請求書や税金、給与、決済など、あらゆるお金を処理しています。毎週、数千万ドル分の取引を確認しています。金融の知識も経験も、まったくありませんでした。大学にはまったく通ったことがありません（幸い、学生ローンもまったくありません）。

そんな私がどうして？

ザッポスに入って、最初は電話オペレーターをやりました。前の会社ではリテンション（トラブル時などに顧客をつなぎとめる役割）の部署で働いていて、電話をかけてくる人はみんな怒っていたし、職場の運営がなってなかったから、ザッポスでは人々の問題を解決する権限を与えられたことがうれしかったんです。荷物が雨の中に放置されていたとか、違うサイズが送られてきたとか、いろいろな問題が起きます。怒って電話をかけてくる人もいます。でも、私たちは会社をつぶさない限り、顧客のためにやるべきことをやる権限が与えられていて、そうするように奨励されています。そうしたことができるのは、本当に気持ちがいいものです。誰かの1日を変えたり、結婚式を手助けしたり、顧客の大切なイベントを守ったりできるのです。

初日から自分の仕事に誇りを感じていたから、もっと頑張ろうという気持ちになったのでしょう。ほかの人もそれを見ていました。私の働きぶりに気がついていました。

入社から3、4カ月で、顧客のセンシティブな問題に対処するRデスク（リソース・デスク）に昇進しました。さらに「チーム・リード」になりました。マネジャーのような役割です。私のやり方は社内で評判が良く、私のような意欲と職業倫理を持つ人を探してほしいと言われ、しばらく採用の仕事もしました。

やがて、私は変化が欲しいと思いました。会社は私の対人スキルを見込んで、マーチャンダイジングに配属しました。それから財務に移りました。文字どおり95％は独学です。ザッポスでは一生懸命に働いて成果を出せば、経歴は関係ありません。あなたという人間がどういう人か、どのような職業倫理を持っているか、それが大切なのです。私たちが大切にしていることを、ザッポスも大切にしています。

もちろん、私は働くことが嫌いではありません。自分の仕事が好きだと思えるときは、特に楽しいですね。何でもそつなくこなせるだけでは、たいして成功できなかったでしょう。

たまたま空きが出た財務のポジション

初めて財務の仕事をしたのは、社内インターンでした。ザッポスの社内インターンは90日間です。その部署で働いてみて、仕事が好きかどうか、能率的に働けるかどうか、自分がチームに合うかどうかを確認します。フィットしなければいけませんから。チームの人々は私を気に入ってくれました。

90日が120日になり、150日になり、180日になりました。その間ずっと、彼らは私に合う仕事を探してくれたのですが、なかなか見つかりませんでした。7カ月後、私は呼び出されました。「きみの仕事が見つかった」。財務チームの一人がほかの仕事をしたいと異動を希望して、空きが出たのです。私は彼の後任として研修を受けました。その直後、上司が家庭の事情で急に休暇を取ることになり、私と大学を卒業したばかりの若者が2人で財務部門を動かすことになりました。

とんでもない話ですよね。働きながら学ぶしかありませんでした。でも、この会社では、いつも支えられていると感じるんです。あらゆることを6回くらいダブルチェックしていました。2017年4月に財務チームに入ってから今まで、私が犯したミスは1・24ドル。誇りに思っています。完璧なほうがいいけれど、完璧な人は誰もいません。1・24ドルは許容範囲でしょう。自分がこの仕事に向いていたなんて、考えただけで笑いたくなりますが、気がつかなかっただけなのでしょう。

才能がありながら、自分の仕事が嫌いで、死ぬほど退屈していて、力を十分に発揮する場がなくて——自分の最大限の潜在能力を忘れてしまった人が、この国にはたくさんいます。彼らは与えられた役割をこなし、テレマーケティングの電話で台本を読み上げているようなものです。彼らの潜在能力が活かされることはありません。すべての人の潜在能力を活用できたら、素晴らし

いと思いませんか？　意外な可能性が見つかるかもしれません。

人生を振り返って、自分がどんなふうに変わってきたかを考えてみると、すごいなあと思います。かつては自分が18歳まで生きられるとは思っていませんでした。あんな生活をしていたらね。あんな生活は、もうしていません。日曜日の夜は何もしません。友達はみんなクラブに行くけれど、私は月曜日に会議があるし、出勤しますから。やることがあるのです。だから日曜日は何もしません。私には仕事があって、頼りにされています。

この会社は私に賭けてくれました。常に喜んでチャンスをくれる、そういう会社なんです。素晴らしいことです。誰かが失敗しても、「いつもうまくいくわけじゃない。でも、やってみなければ、うまくいくことは絶対にない」と。これはコーチやライフコーチがよく言うことで、自己啓発の講演でも耳にしますが、多くの会社が実践していません。

怖いからです。まあ、気持ちはわかります。１００万ドルのリスクを冒す余裕のある会社は、多くないでしょうから。私たちは幸運にも、その余裕があります。ただし、小さなリスクを取り続けてきたからこそ、今の私たちがあるのです。この会社に採用されたときに思っていたことより大きなことをやりたい――そう思うようになった社員に賭けるリスクも含まれています。私たちはそのリスクを取るだけです。やるべきだと思うことをやるだけです。

野心を持たない私を見出し、出世させる会社

マット・トーマス Matt Thomas
マーチャンダイジング
2匹のチワワを救出しました。1匹は足が3本、目が1つです。

辞めた後の計画はないけど、とにかく「あそこ」で働くことにした。

私は10年目を迎えたところです。とてもクールな10年でしたよ。ザッポスで働き始める前から、奇妙な縁でこの会社のことを知りました。当時は重機のレンタル会社で働いていて、研修マニュアルなどを書いていました。とても退屈な仕事でした。

あるとき、編集者が2005年版の『ザッポス・カルチャー・ブック』を持ってきて、ぜひ読んでほしいと言いました。

基本的にザッポスの社員の話（この本にある、現場のちょっとしたエピソードのようなもの）を集

した。

めた本でした。私はザッポスがどういう会社なのか、まったく知らなかったので、彼女に聞きま

「靴とハンドバッグを売っているのよ」

私は当時25歳でした。「そういうのは好きじゃない。興味がない。スニーカーもTシャツも、同じものをずっと着ている」

「とにかく読んでみて。全部じゃなくていいから」

その日の夜から読み始めて、夢中になりました。自分がやっていることと自分の仕事を愛している人たちの話で、誰かを否定的に言う人は1人もいません。これは私の知っているような会社じゃない、そう感じました。世の中のビジネスマンは1人残らず、映画『ウォール街』の投資家ゴードン・ゲッコーのような人だと思っていましたから。無慈悲で、強欲で。

翌日、出勤して編集者に言いました。「最初から最後まで読んだよ」

「よかった。どのあたりをこの会社に取り入れられる?」

「ここの文化では無理だろう。不可能だ」と私は言いました。「だから辞めるよ」

「次の計画が何かあるの?」

「ないよ。とにかくあそこで働くことにした」

プレッシャーの少ない仕事で十分幸せだった

会社を辞める前に、ザッポスに問い合わせさえしていませんでした。でも、辞めると決めたら、安堵感があふれてきたのです。ザッポスに電話をかけると、オンラインで手続きをするように言われ、カスタマー・ロイヤルティ・チームに応募しました。

叔母から「履歴書にモットーを書きなさい」と助言されました。「よく働き、よく遊べ」など、私という人間を表現するフレーズです。ちょっと間抜けだと思いましたが、書いてみました。そうしたら効果があったのです。ザッポスの採用担当のジェイコブ・パルマーから連絡が来ました。「履歴書を見ました。いいモットーですね！」

オフィスに呼ばれて、技術的なテストを受けました。とても簡単でしたよ。オンラインショッピングの基本操作のテストで、買い物かごに品物を入れるというものでしたが、2007年当時は多くの応募者ができなかったそうです。私は、たまたまあるページの「キャッシュエラー」を見つけたので、それも報告しました。「細部までよく注意を払っている」と、ジェイコブに言われました。

コンテンツ部門など、ほかにもいくつかの職種を希望していましたが、社内の見学ツアーをはじめあらゆる説明を受けた後は、職種は関係なくなっていました。とにかくこのクールな会社で働きたい、そう思いました。大学を卒業したばかりで、ほぼ毎日、午前3時まで起きていたから、電話オペレーターの深夜勤務も大歓迎でした。

私は幸せを感じていました。

採用後はコンテンツ部門に配属されて、さまざまな仕事をしました。やがて、コンテンツのチームにいた友人のジェフがマーチャンダイジングに異動して、「最高の仕事だ」と言い出しました。「製品を調べて、製品について話し合い、製品について学ぶ。製品の説明を書くのではなく、買ってもらう仕事だ」

私は興味がないと言いました。週40時間、プレッシャーの少ない仕事で十分でした。マーチャンダイジングには週80時間働く人もいると聞いていました。ありえない！　そこまでの野心はありませんでした。

きみはゴルフをする。ぴったりの仕事じゃないか。

そんなある日、ザッポスの初期から付き合いのある大手ブランドの一つ、クラークスの営業担当のトムから、10月に開催される「ザロウィン」（ザッポスによるハロウィンの一大イベント）のチャリティーゴルフ大会に誘われました。私はクラークスの説明文を書いていて、彼とゴルフの話をしたこともあったので、声をかけてくれたのです。「空きが出たよ。ゴルフが好きなんだよね」

当日、会場でゴルフシューズを履こうとしたら、片方にネズミの死骸が入っていました。そう言えば、前回のゴルフはずいぶん前だった——。でも、替えのシューズを持っていなかったので、そのまま履きました。トムがチームのメンバーに私を紹介してくれたときも、頭の中はネズミの死骸のことでいっぱいでした。

「僕たちはフレッド、スティーブ、ガレン、ジーンとラウンドするんだ」とトムが言いました。全員、長く会社にいる重鎮でした。私が直接知っていたのはジーンだけでした。彼女はカジュアル・ライフスタイルのディレクターで、私にマーチャンダイジングの仕事を勧めたこともありました。「どうでしょう、私には向いていそうにありません」と答えていたのですが。

ラウンドが始まって、ティーショットを打つときも、まだネズミのことが頭にあったからでしょう。深く考えず、クラブを構えてすぐに打ちました。チームのみんなが「ゴルフ、うまいんだね！」と驚きました。

「ゴルフに遊ばれているようなものですが、そうですね、少しやったことがあります」

2番ホールで12メートルのパットを沈めたら、ジーンに「採用！　採用よ！　私のところで働いてちょうだい」と言われました。

「いや、応募していませんよ」と私は返しました。

まさか彼女が本気だとは思いませんでした。前半のラウンドが終わったとき、ガレンに声をかけられました。「ポストの空きがあるんだよ。具体的にはゴルフウエアの買い付けだ。きみはゴルフをする。ぴったりの仕事じゃないか。ジーンはきみに自分のところで働いてほしいと思っている。僕は彼女の判断を信頼しているから、ぜひ考えてくれ」

「ワオ」と、私は言いました。「これがワオ！　ですよね」

信じられませんでした。

ジェフには正直に話しました。「僕はとても怖いんだ。でも、恐怖に人生を振り回されたくないし、とてもクールな話だと思っている。多くの人が憧れるような仕事だよね。たぶん、僕も憧れている。だからやってみるよ。面接を受けて、やってみるよ！」

私は自分に言い聞かせていたのでしょう。

「**よく働いているから、それに報いたい**」

何回も面接をして、成長中だった衣料品チームに、マーチャンダイジングのアシスタントとして加わりました。働き始めてすぐに、この仕事が好きになりました。夢中でした。働きづめで、超過勤務も果てしなく続きました。そして1カ月も経たないうちに、数万ドル規模の意思決定を任されるようになりました。ザッポスは私を自由にやらせてくれました。

何でも自分がやりたいようにやればいい。彼らは私を信頼してくれました。私は自分の直感と本能に従い、ゴルフの経験を活かすことができました。半年ほどは仕事が楽しくて仕方がなかったのですが、さすがにオーバーペースで、精神的に疲れてしまいました。このまま続けることはできないと、自分でもわかっていました。

そんなある日、新入社員研修のときから知っている上司のテリーに呼び出されました。クビになるのだろうと思いました。しっかり働けていないと感じていたから。

ところが、仲間でもあるテリーは言いました。「何を言ってるんだ。昇進だ！　よく働いているから、それに報いたい」

あれから7年。会社が4倍の規模に成長する過程をこの目で見ながら、今もここで働いています。考えてみると変な感じもします。私は本当に何の野心も持っていなかったのに、ザッポスが私の野心を引き出しました。

私はこの楽しい会社で、深夜勤務のシフトで働きたいと思っていました。それだけでよかったんです。でも、この会社はチャンスを与えてくれます。いろいろな可能性を提示してくれます。

ほかの会社なら、バイヤーとして入社したらバイヤーとして働き続け、バイヤーのまま定年を

迎えるでしょう。いろいろな部署を経験することは、とても大変です。

でも、ここでは誰もが混ざり合っています。部署を越えた人間関係が築かれています。新入社員研修のときからの友情が続いています。

私も最初の研修で一緒だった友人が何人かマーチャンダイジングの部署にいたおかげで、思い切って挑戦できました。私がザッポスで経験してきた人間関係づくりは、新しい仕事で何かをやるときの手本になるでしょう。ザッポスで働くということは、「周りの人が幸せになる手助けをすれば、世界をより良い場所にすることに貢献できる」ということです。

私が適切な商品を仕入れて、ザッポスのサイトを訪れる人がお気に入りのものを見つける。これは「リテール・セラピー」ですよね！　私は小売業を通して、彼らが幸せになる手助けをしているのです。赤ちゃんの命を救うことはできなくても、喜びを広めることはできます（実は、私たちは本当に赤ちゃんを救いました！　ザロウィンのチャリティーゴルフ大会で集めたお金で、2人のハイリスクの妊婦を助けました。つまり、赤ちゃんの命を救ったのです）。

自分がしてほしいことを人にする、それがルール

現在は、私がザロウィンのチャリティーゴルフの責任者です。そんな大役を任されるなんて、

思ってもいませんでした。大規模な大会です。毎年1回、結婚式の準備をするようなものです。

でも、楽しいですよ。ザッポスがザッポスのような会社になっていなかったら、社員をサポートして、社員のありのままの姿を受け入れて、仕事を通じて自分を表現する機会を与える会社になっていなかったら、私が経験したことは1つも起きなかったでしょう。

私は仲間たちの成長も見てきました。評価されて当然の人ばかりです。私より昇進した仲間もいますが、嫉妬や羨望は感じません。私も彼らの成功がうれしいのです。彼らの成功は私の成功です。ほかの社員の成長を見ていると、自分が親であるかのように誇らしくなります。彼らが人として成長していることが、うれしくてたまらないのです。

社員の間にライバル意識はあります。でも、気軽な関係です。仕事について冗談を言い合ったり、誰かがうまくいくように背中を押したり。私たちは試練や苦難を共にしてきました。共通の経験があるから、みんなでまとまって、お互いに助言をすることもできます。「これをやってみたら？　あれがいいんじゃない？　自分のときはこうだったな……」

それが一緒に仕事をするということです。自分がしてほしいことを人にする。それがザッポスの基本ルールです。

成功するために、獰猛に戦う必要はありません。

ミュージシャンから「ファンジニア」になった

タイラー・ウィリアムズ Tyler Williams
ブランド・オーラ責任者
『ヤング・スーパーマン』は全シリーズを2回見た（217エピソードすべてを2回）。

8歳にして、自分はロックスターになると確信していました。

もちろん、売れっ子のロックスターになるまでは、音楽で稼げるカネは知れています。だから学校を卒業した後は、副業として「まともな」仕事に就かざるをえませんでした。アラスカで石油タンクの検査をしたり、建設や製造の現場でも働きましたが、昔から何かが動く仕組みに興味があって、物を修理したり組み立てたりすることが大好きでした。

自分でバンドを組んでいたときは、ステージのセットを作り、照明のデザインやサウンドを担当して、レコーディングの方法を学び、ソーシャルメディアも活用しました。

私の信条の一つは、ミュージシャンは究極の起業家でもある、そうでなければならない、ということです。膨大な時間を練習に費やす一方で、アーティストばかりのグループ内できわめて感情的な人間関係を管理しなければなりません。バンに乗って、資金をかき集め、助けを乞い、借金をして、ときには奪い取り、自分たちの音楽を人々の手に届けるためにあらゆるリスクを冒しながら、**成功するチャンスは星くずより小さいこともわかっています。**

それでもあきらめずに、自らマーケティングをして音楽という作品を作り、その作品に個人の時間とお金を投資して、ほかの人にも時間とお金を投資してもらえるように口説き落とすのです。私はミュージシャンとして、起業家精神の多くの要素が自然と身についたのでしょう。あるいは、最初からその資質はあったけれど、自分で気がつかなかったのかもしれません。ただ、自分のすべてを出し切ってリスクを冒すことを、恐れたことは一度もありません。

ザッポスと出会う前は、ツアー中心のバンドの雇われドラマーとして、それなりに稼いでいました。でも、EMIとユニバーサルが合併した際に、そのバンドはレーベルから外されてしまいました。4年間のツアーで燃え尽きた私は、家に帰って妻に言いました。「こういうのはもうやめるよ。ラスベガスに行けば、いいギグが見つかるかもしれない」

ラスベガスはミュージシャンにとって素晴らしい街です。世界的なパフォーマンス集団のブルーマン・グループに知り合いがいて、オーディションを受けました。彼らのバックバンドのドラマーとして雇ってもらえそうでした。ブルーマンの一員ではなく、バンドのドラマーとしてね。ちょうどその日、外出していた妻が帰宅して言ったのです。「ある会社の見学ツアーに行ってきたの。あなたにもぜひ行ってほしいわ」

コア・バリューを歌って、面接に臨む

彼女は会社の「ライフコーチ」や人事部長に会ったそうです。みんな笑っていて、楽しそうで、冗談を飛ばしていたと言いました。そして――「大人の保育園みたいだった。あそこにあなたを預ければ安心できそう！」

ドラマーを夫に持つ妻の思いについては、今もよくわかりません。ただ、とてもクールな話だと思いました。そんなふうに見える職場があるなんて。ザッポスのことは何も知りませんでした。いろいろ調べて、ネットで検索してＹｏｕＴｕｂｅを見ました。ちょうどトニーの『ザッポス伝説』が書店に並んだ頃だったので、それも読んでみました。幸せを届けるというメッセージにとても共感したんです。10個のコア・バリューにピンときました。

ザッポスのサイトには、履歴書や職務経歴書など、典型的な応募書類があれこれ必要だと書かれていました。私はがっかりしました。「高校をどうにか卒業して、大学には行っていない。こ

の4年はバンドでツアーをしていたけれど、請負契約だったから職歴もまったくない。どう説明すればいい？　『僕はドラマーです』？」

さらに、ザッポスに入るのはハーバード大学より難しいという統計を見て、かなり落胆しました。

でも、ザッポスでは応募書類に動画のカバーレターを添付してもいいと知って、チャンスがあるかもしれないと思いました。映像なら僕にもできる、目立つにはそれしかない……僕の履歴書は散々だったから。

妻は励ましてくれました。「ザッポスはコア・バリューを大切にしているのよ。あなたのクリエイティビティを発揮して、コア・バリューの歌を作ってみたら？」

始めてみると次々にアイデアが広がって、3週間がかりの大プロジェクトになりました。

スタジオを借りて、緑のスクリーンを背景に映像を撮影し、10個のコア・バリューをもとに歌を作って録音しました。私が8人、それぞれ別の楽器を演奏しながら、踊って歌っている。そんな動画が完成しました。

とんでもなく馬鹿げた作品でしたが、とにかく送信しました。すると5分も経たないうちに、採用担当のマネジャーだったマイケルから電話がありました。「こんにちは。今はあなたを採用するポストが思いつかないけれど、一度オフィスに来てください。ぜひ会ってみたい。何とかなるかもしれないから！」

覚えているよ。私はタイラーがオンラインで応募した動画が気に入って、クリスタに転送したんだ。チェックしてみて！ https://youtu.be/6uevQ0LYMBo

AVチームに入れなかったけど

私はマイケルを訪ね、AVチームに紹介されました。空いているポストはありましたが、私ではだめだと説明されました。「あなたの動画は素晴らしい。でも、最初に言っておくと、このチームであなたと一緒に働くつもりはありません。私たちは社内からメンバーを集めたいと考えていて、カスタマー・ロイヤルティ・チームに候補者がいます。前からここで働いている人も1人。彼らにチャンスを与えたいのです」

私のことはまだ知らないし、私が文化にフィットするかどうかもわからない、とも言われました。まさに、ザッポスという会社は資格より文化を大切にするのです。

私はがっかりしましたが、わくわくしてもいました。「ワオ、この会社は本物だ。自分たちが説いていることを実践している」

歩いて駐車場を出ようとしていたら、当時人事部にいたカリが走って追いかけてきました。「AVチームの仕事に入れなかったのは残念だけど、電話の仕事から始めてみませんか?」私は「もちろん!」と答えました。

最初にカスタマー・ロイヤルティ・チームを紹介されたとしても、私は大いに喜んだでしょう。さっそく電話オペレーターとして働き始めて、その仕事が大好きになりました。少しずつ経験を積んで、社内インターンで研修プログラムを担当することになりました。新しく入社した人たちのトレーニングをして、この仕事も大好きになりました。

1年後にインターンが終わり、私は岐路に立たされました。ザッポスに入社して最初の2、3年で、私がどんなことが得意なのか、みんなが知っていました。ハロウィンのデコレーションを作ったり、イベントの電気配線を手伝ったり、自分にできることは何でもボランティアを買って出ました。

あるイベントのために照明の設営を外注する際に、社内の担当者から、契約書を精査して価格が妥当かどうか確認してほしいと頼まれました。その頃私は、自分の業務内容に含まれていない、さまざまな事柄の情報源になっていました。そして、人生最高の変化に遭遇したのです。

何でもできるとしたら、何がしたい？

トニーの「タイムマネジメント・ニンジャ」と呼ばれている秘書のリズからメールが来ました。「緊急事態です。トニーがアマゾンとディズニーにプレゼンをすることになって、今夜、彼のアパートメントに大勢のエグゼクティブが集まりますが、AVの機材を調達できていません」。つまり、マイクもプロジェクターもないというわけだ。「とにかく困っています」

私は救助に向かいました。

当時、トニーのアパートメントはオグデンにありました。3戸の壁を取り払ってつなげてあり、キッチン、リビング、ベッドルームはそれぞれ3つ。大きな迷路のようでした。すべての部屋に音声と映像を届けるにはどうすればいいのか、彼らは途方に暮れていました。

「了解。問題ありませんよ」と私は言いました。

2014年にこのオグデンのアパートメントから引っ越して、今はエアストリームのトレーラーハウスに住んでいるんだ。ここのトレーラーパークはリノベーションしたホテルのようなところで、みんなで集まる公共のスペースと個人の居住スペースを組み合わ

せている。

現在はエアストリームかタンブルウィード・タイニーハウスに30人、犬15匹、猫5匹、マーリーという名前の放し飼いのアルパカと暮らしていて、共同キッチンとバーベキューエリアとプールがあって、毎晩キャンプファイヤーをしている。

こんな狭い車の中でどうやって暮らしているのかと聞かれるけれど、世界一広いリビングと裏庭があるようなものだ。トレーラーの外に出るといつも何かが起きていて、おもしろい人たちと話ができるよ。

私はトニーにマイクを付けて、音声も映像もすべてワイヤレスで設定しました。その夜、チーフ・スタッフのジェイミー・ノートンに声をかけられました。「あなたの名前はいろいろなところで出てくるわ。何かと助けてくれているそうね。今夜も、勤務は終わっているのに来てくれたのね。あなたはどういう人なの？　どういうことをやりたいの？」

私たちは2時間ほどおしゃべりをして、最後に彼女が私に聞きました。「何でもできるとしたら、何をやりたい？」

本業以外でやっていることはすべて好きでやっているけれど、もっとやりたいこともあると、私は言いました。

「それを職務説明書にまとめて、仕事の名前や肩書きを考えて、希望の給料を書いて、私のところに送ってみて」
「了解です！」

私はザッポスのファンジニア

私は自分がやってきたすべてのことを表現する言葉を考えました――楽しさのエンジニア、「ファンジニア」です。そして、理想の仕事の説明書を書き上げ、適切な金額だと思う給料の希望を添えて、ジェイミーに送りました。数日後に返事が来ました。「承認されました。あなたは今日からファンジニアです」

こんな会社がほかにあるでしょうか。

私は仕事以外でやっていたあらゆることを、仕事としてやるようになりました。全社ミーティング（四半期に一度、全社員を講堂に集めて、ザッポスのすべてについてクールなプレゼンテーションと最新情報を提供しています）の準備を手伝い、社内のさまざまなプロジェクトに協力しました。

その中で、実験的マーケティングがらみの仕事が増えていきました。ある日ケリーのチームから、「レッドブル・フルーグタグ用の飛行機を作ってほしい」と頼まれました。レッドブル・フルーグタグは、素人が集まる人力飛行機のコンテストです。

私はポートランドに行って飛行機を作りました。本番では地面から浮き上がることもなく粉々になりましたが、やっている間は楽しかったのだから、大成功です。そのうちに、トニーも個人的なプロジェクトに私を呼ぶようになりました。彼は実験が大好きで、「デバイスを充電できるバッテリー内蔵の上着を作ってみよう」という調子です。私が実際に作った試作品は、ワイヤーがあちこちにぶら下がっているガラクタのようなものでしたが、充電できたんですよ。

ブランド・オーラの予算を引き継いでくれないか？

当時はトニーがアマゾンに会社を売却した直後でした。その契約で、彼はかなり意外な条件を出しました。株式交換と現金による売却で、一定期間をおいて権利が確定するストックオプションはなし。自分の年俸は3万6000ドル、特別待遇はいっさいなし――つまり、彼には利益を最大限にするインセンティブがないのです。

厳密に言えば、トニーは個人の時間をザッポスに寄付していることになります。自分の食事や娯楽、移動の費用はすべて自分で払うから、個人の収支としては赤字です。でもいわば引き換えに、トニーはザッポスで自分が情熱を感じることを自由にできるようになったのです。

アマゾンとの契約には、双方が合意した成功の基準を達成する限り、トニーはザッポスを独自のユニークな方法で経営できると明記されました。さらに、「ブランド・オーラ」という予算枠を新たにつくり、彼の直轄として、直接的な投資によるリターンの提示を必要としない実験的なプロジェクトに充てられました。

この予算は私もよく使いました。トニーのアイデアだけでなく、私のアイデアのときもありました。「広場には音楽が必要だ」「キャンパスのドッグパークに芝生を敷こう」などと思いつくと、彼はこの予算から資金を出してくれました。

そして、ついに、トニーから言われたのです。「ブランド・オーラの予算を引き継いでくれないか？ 私はきみを信頼しているし、きみはアイデアが豊富だ。私にはこのカネを適切に管理する時間がない」。トニーは当時、DTPカンパニーズにかなりの時間を費やすようになっていました。

DTPカンパニーズは、以前はダウンタン・プロジェクトと呼んでいたもの。私とザッポスの初期の従業員が個人的に出資した別組織で、ラスベガスのダウンタウンの活性化を支援しているんだ。

これまでに3億5000万ドル以上を、不動産や中小企業、IT系スタートアップ、教育、アート、音楽フェスティバルなどに投資して、インスピレーション、創造性、起業家的なエネルギー、上昇志向、発見のための場所を地元につくる手伝いをしている。

私はドラマーでした。履歴書に書ける経験もなく、電話オペレーターから始めました。その私が！

「もちろんです！」と私は言いました。自分がどこに飛び込もうとしているのか、何も知らなかったから。

ブランド・オーラを引き継いだときは、年末まであと数カ月でしたが、かなりの予算が残っていました。そこで、キャンパスで評判が良かったことを全国規模で開催することにしました。ペットの里親縁組パーティーです。社内では大歓迎されました。

「この幸せをさまざまなコミュニティに届けることができたら、ザッポスというブランドにとって実に素晴らしいじゃないか。今からクリスマスまでの間に多くのペットの新しい家が見つかったら、本当にうれしいじゃないか」

私もザッポスのキャンパスで開催された犬の里親縁組の日に行ったことがある。「ちょっと見るだけ」と思って……テリアの雑種を連れて帰った。名前はブリジー（ブリ

ザードの略だ)。今も一緒に暮らしているよ。インスタグラムのアカウント(@blizzy Instagram)も持っていて、私が留守のときに、ラスベガスでブリトニー・スピアーズやサラ・ジェシカ・パーカー、バットマンたちと散歩をしているんだ。

すべてのプロジェクトの基盤はサービス

みんなが応援してくれました。ザッポニアンの仲間だけでなく、100万人の情熱的な人たちのおかげです。会社も一般の人たちも、この里親縁組のプロジェクトを本当に気に入ってくれました。

フェイスブックで話題になり、ネットで称賛されました。里親縁組の活動をしている団体にも注目が集まり、彼らへの寄付が増えて、私たちは多くの家族を幸せにできました。ザッポスのサイトにも私たちが売っている商品にも、まったく関係のないことですが、それでいいのです!

私たちの本業はサービス業であり、まさにサービスを提供したのですから。おまけに、私は久しぶりに「ツアー」に出ることができました。ロックバンドではなく、全国各地で素晴らしいイベントを開催するツアーです。

以来、私は数多くのプロジェクトを監督してきました。さまざまな社員からの提案には実験的なアイデアもたくさんあって、まったく新しいビジネスに発展する可能性を感じます。**すべてのプロジェクトの基盤はサービスです。人生やビジネスにおいて、より良い体験を提供しようとしています。**

例えば、スポーツイベントやライブの会場に設置するポータブルトイレを改良するチームを立ち上げました。誰だって、ポータブルトイレの使用体験をより良いものにしたいですよね。なかなか不快なものです。

そこで私たちは、おしゃれな照明、鏡、本格的なシンクを備え、臭いを軽減する技術を導入した、超クリーンなポータブルトイレ「ポルタ・パーティー」を作りました。

大規模なビジネス会議の会場に、小さな「ワーク・ポッド」を設置するというアイデアも実現させました。会場のロビーで、デスクのある小さなプライベート・オフィスを借りることができます。とても人気がありますよ。これからもいろいろ試していきます。

ブランド・オーラ。素晴らしい仕事です。夢のような仕事です。私たちはイノベーションを起こし、探求して、実験しながら、私たちのブランドと私たちの本物のサービスを世界に広めています。

その方法は誠実で、起業家精神にあふれていて、私がロックバンドのツアーで感じたあらゆる興奮に匹敵する体験です。しかも、安定した収入をもらえて、妻と8カ月会えないということもありません。

悪くないギグです。

7

NAVIGATING CHANGES

社員が変化を恐れずに向かっていける理由

ラスベガスのダウンタウンへの本社移転という冒険

デリン・ホーキンス Derrin Hawkins
実験的マーケティング、ブランド戦略
レッドブル・フルーグタグでパイロットを務めた（ありがとう、タイラー！）。高さ8メートルの崖から海に突っ込んだ。

そこに私たちの未来がありました。

私たちのコア・バリューと、私たちが築いてきた文化のおかげで、社内のいたるところで人々が独自のクリエイティブなエネルギーを解き放つようになりました。期待を上回る結果でした――多くの場合、本人の予想さえ超えていました。

彼らは古いやり方に異議を唱え、新しいチームを結成し、会社を前進させるような新しいアイデアを出しました。社員同士で助言して導き合い、社内でリーダーが育ち、部門を越えてアイデアを洗練させる。そうした有機的な性質が、ザッポスの興奮の大半を生み出していました。

トニーはわかっていました。アマゾンに買収されるずっと前から理解していて、その性質を育ててきました。

ただし、1つ問題がありました。すべてを同じ屋根の下で運営することができなくなっていたのです。2000年代の初めにベイエリアから移転して以来、スタッフは増え続け、ネバダ州ヘンダーソンの広大なキャンパス内にある3つの建物に分散していました。絆を深めるようなアクティビティをいくつも企画して、全社ミーティングも頻繁に開催しましたが、建物の都合で、社内のさまざまな部署が物理的に離れていました。

2011年に、トニーはラスベガスのど真ん中に拠点を置くと決めました。大きくなりすぎた組織は地域社会と距離が開くようになり、いくつも壁ができます。それらの壁を壊さなければならないと思ったのです。当時のトニーなら、どこでも好きな場所を選ぶことができました。ただし、移転先がどこであれ、私たちのコア・バリューに一致する場所でなければなりません。

ヘンダーソンから数キロのエリアで、トニーの目に留まった物件がありました。それまで誰も興味を示さなかった、ラスベガスのダウンタウンにある老朽化した旧市庁舎です。1972年にオープンした当時は超近代的とうたわれた、巨大なコンクリート造りの建物でした。周辺にはかつて、天井が低くて窮屈な市のオフィスがいくつもあり、刑務所もありました。

だからトニーは完璧だと考えた

ラスベガスと聞いてまず思い浮かぶのは、目抜き通りのラスベガス・ストリップですよね。この数十年、ベガスのイメージは、ストリップに立ち並ぶ巨大なホテルやカジノそのものでした。ベラージオ、ヴェネチアン、MGM、パリス。大金が動き、きらびやかな照明と壮大な噴水に彩られたエンターテインメントと豪華絢爛の世界は、1990年代から2000年代初めにかけてラスベガスが観光で再生を果たして以来、『オーシャンズ11』などさまざまな映画の舞台になってきました。

まさにグラマラス。そしてセクシー。

一方で、ダウンタウンはストリップから数キロしか離れていませんが、2010年代の初めは100万キロ以上、離れていたかもしれません。半世紀前の古き良きベガスが栄えたエリアは、すっかり色あせていました。ビニオンズ・ギャンブリング・ホールとゴールデン・ナゲットのネオンは残っていましたが、その頃は懐のさびしいギャンブラーたちがタバコの煙の中に座っていました。

1990年代半ばには、ダウンタウンの大通りであるフリーモント・ストリートの再活性化のために、大胆な試みも行われました。4ブロック分を歩行者専用のアーケードに改装し、金属製の天蓋に照明や映像を投影して光と音のショーを開催するなど、ラスベガスの新しい名所にしようとしたのです。まあ、少しは効果がありました。

でも、このフリーモント・ストリート・エクスペリエンス以外は、全体として、ラスベガスのダウンタウンはほとんどの人が「体験」したいと思わない場所でした。空き地と空き店舗と廃墟で埋め尽くされていました。犯罪率も高かった。日が暮れた後は、明るい照明が届かない所はあまり歩きたくない、そういう場所でした。助けを必要としているエリアであり、絶望的に再生が必要な地域でした。

だからトニーは思ったのです――完璧だ。

1800年代の、ある靴会社の話を思い出したよ（できすぎた話だけどね）。遠く離れた土地の市場機会を分析するために、偵察として二人の社員が1カ月、派遣された。一人は会社に戻ると、「誰も靴を履いていませんでした！　あの土地にチャンスはありません！」と報告した。その1週間後にもう一人も戻ってきて言った。「誰も靴を履いていませんでした！　大きなチャンスがあります！」だって。

みんながあっけにとられました。

トニーは、旧市庁舎を私たちのカルチャーに合わせて改装して使う、という賃借契約を結びました。天井を高くして、ほとんどのフロアの壁を取り払い、みんなが一緒に仕事ができて、窓からの眺めも楽しめるようにしました。カフェや屋外の集会スペースもつくりました。

さらに、会社の外でもダウンタウンの再開発プロジェクトを立ち上げ、同じ志を持つ人々の夢に数千万ドルの私財を投じて応援しました。フリーモント・ストリートの東端を、バーやレストラン、ライブハウスなどがひしめく、より若くて、より新しくて、よりエネルギッシュなエリアに変えようというのです。ザッポスの移転に先駆けて、ダウンタウンで放棄された不動産を買い取り、本格的な再開発の基礎づくりが始まりました。

2012年の初めに、トニーは移転を正式に発表しました。「ラスベガスのダウンタウンに行くぞ！」

みんなあっけにとられていました。どういうこと？

わくわくしている人もいれば、躊躇する人もいました。私たちのほぼ全員が、トニーのビジョンを理解するまでに少々時間がかかりました。それからの1年半は、レジリエンスを高めて変化を乗り越えるという、まったく新しい冒険になりました。

経営陣にとっては、いまや1400人を超える社員に、このような計画を伝える方法を考える絶好の機会になりました。ザッポスのサービスと同じように、愛と思いやりと気配りを込めて社員に伝えなければならなかったのです。

ダウンタウン情報誌を作ろう

ローレン・ベッカー Loren Becker

コミュニティ・チーム

ザッポスに来る前は、ボートの底からフジツボを削り落とす仕事をしていたよ。

変化するのは難しいものです。

私は古株だから、２００６年に初めてコア・バリューを導入したときのことを覚えています。トニーが、すべての人はコア・バリューに則った行動を期待されると明言すると、自ら会社を去る人もいました。その人の行動や価値観が私たちの価値観と一致していないとわかれば、退職金を渡して辞めてもらいました。当時は社員が数百人しかいなかったので、一度に多くの人が辞めていくのは衝撃的でした。

今日から楽しくて変な人になれと言われても、どうすればいいのか、どうしてほかの会社のようにパフォーマンスだけで昇進できないのかと、理解できない人もいました。同僚と、仕事以外でも一緒に過ごさなければならないのはなぜか。実際、今のザッポスの成功を導いてきた多くのことは、最初に導入されたときには奇妙に感じたものです。コア・バリューも大きな変化でした。馬鹿げていると思う人もいました。くだらなくて、あまりに破壊的だ。そう感じた人々は去っていきました。

ダウンタウンへの移転は、もっと円滑に進めたいと考えていました。成長中の企業の多くは、「このやり方でいきます。受け入れないなら、辞めてかまいません」と通告するかもしれません。

でも私たちは、コア・バリューの最初に掲げた「サービスを通して『ワオ!』を届ける」を、自分たちの社員に対して実践したかったのです。これは当時の私の主な仕事ではありませんでしたが、大きく貢献することになりました。

オフィスの移転を発表した際にアンケートを取ったら、社員の半分が、ダウンタウンに行きたくないと答えたでしょう。つまり、私たちは大きな課題に直面していました。うまくいくと彼らに納得してもらうには、どうすればいいのでしょうか。

簡単にできることではありません。時間がかかりました。コア・バリューのときもそうでしたが、その主旨を社員が完全に理解する前に、引っ越しを始めざるをえませんでした。しかし、移転準備の最中にダウンタウンに事務所を開いたので、少なくとも一部の社員は地元の雰囲気を感じることができました。その後、近隣のバスツアーや住まい探しのツアーを行い、地元でイベントを開催して、社員がラスベガスのダウンタウンを新しい目で見て、探索できるような機会をつくりました。

旧市庁舎の工事中に、ヘルメット着用の見学ツアーも行いました。移転を発表してから完了するまでの過程に、すべての社員が関与してほしいと思っていました。そして、彼らがいろいろ疑問を持っていることがわかり、それに答えていくことにしました。

その一環として、私は楽しくてわくわくするような雑誌を作りました。出版のことは何も知りませんでした。創刊号は、私のノートパソコンでマイクロソフト・パブリッシャーを使って編集し、印刷してホチキスで留めました。雑誌の名前は「ダウンタウン・ザッポス社員ニュースレター」。基本的には情報ガイドのようなものでした。住宅情報やダウンタウンの楽しみ方など、どこに行けばいいのか、何があるのか、社員は知りませんでした。

イベントの予定も掲載しました。話題のアート展、おすすめのコンサート。私たちの新しいキャンパスの近くにオープンした市の文化施設、スミス・センターの公演情報も紹介しました。

私たちの会社は、このようなニュースレターにも予算を出してくれるのです。私が1人で作った創刊号と第2号を読んで、会社はこう言いました。「いいじゃないか。もっと資金を出そう。印刷所を使えばいい」

思いがけないサイドビジネスに

そこで、次の号は印刷所に頼んで小さな四角い本を作りましたが、基本的に私が1人で写真を撮って文章を書きました。文章はいまだにうまくありません。第2号で、文法の間違い探しコンテストを企画したくらいです。間違いをすべて見つけた人に賞金を出しましたが、私の文章力のなさを証明してくれました。

その後、ザッポスのコピーライター数人が協力してくれることになり、ニュースレターは確実に進化しました。1年が過ぎた頃、イベントのスケジュールなどの記事が、地元のコミュニティ全体の役に立てると気づきました。

名前を「ダウンタウン・ザッポス社員ニュースレター(Downtown Zappos Employment Newsletter)」から「ダウンタウンZEN」に変えたので、最初はザッポスが出しているとは知らずに、手に取る人もいたかもしれません。さっそく街中のラックに並べました。企業を訪ねてオフィスに置いてもらい、やがて毎月1回、私がゴルフカートに乗って雑誌を配ってまわるようになりました。ダウンタウンの人々と顔見知りになれてよかったですよ。

最初の年は、地元の企業に無料広告を提供しました。友好を深めて、関心を持ってもらうためでした。2年目になり、工事が終わっていよいよ移転が近づいたので、プロジェクトをさらに発展させました。普通の雑誌のサイズに変更し、名前はさらに縮めて「DT　ZEN」。ウェブサイトを開いてインスタグラムのアカウントを取得し、正真正銘の雑誌になりました。ザッポスの転居や建設現場に関する記事が少しずつ減って、地元に関するコンテンツが増えていきました。

社員がDTLV(ダウンタウン・ラスベガス)を知る手助けをするだけでなく、地域の一体感を演出して、地元で起きているさまざまな変化を盛り上げることに貢献できたでしょう。

移転後は広告の販売を始め、数年後にはラスベガス・バレー全域に5000部を配布するようになりました。出版事業は簡単ではないし、広告が入っても、長く持続できるビジネスではありませんでした。でも、うまくいったと言えるでしょう。自分たちが創出しているものに誇りを持っていました。

「ＤＴ　ＺＥＮ」は、思いがけず会社のサイドビジネスに発展しました。ダウンタウンへの移転を成功させたいというところから始まり、社員に移転を前向きに受け入れてもらいたいと考えていました。つまり、サービスの観点から始まったのです。

そして、実際に社員のためになりました。小さな努力が大きな違いを生んだのです。社員のための情報誌が、地域社会に溶け込む情報発信に変化したように、移転に懐疑的だった多くの社員が変化して、移動の長所を考えるようになりました。ダウンタウンに新しいコミュニティを創出するために協力することが楽しい、私たち全員のためになってほしいと、彼らも思うようになりました。

いまの仕事を離れて枠を飛び越える

ジーン・マーケル Jeanne Markel

トニー・シェイCEOのテクニカル・アドバイザー

テレビやラジオのCMに出演している有名人の声を聞き分けられるという、ちょっと変な特技があります。何年も声を聞いていなかった、無名の俳優でもわかるのよ。

私しか適任者はいないじゃない？

私がここに来たのは2006年の初め、コア・バリューが発表される直前でした。私は一貫してフットウエアに携わってきました。昔はバイヤーをしていて、ゼネラルマネジャーの経験もあります。この業界に入って30年。すべてを靴に捧げてきました。そしてザッポスでは、一歩下がってバイヤーから始めました。とても素晴らしい経験でした。会社の仕組みだけでなく、文化も学ぶことができたのです。

最初の6、7年はフットウエア部門でチームのディレクターを務め、カジュアルブランドを中心に買い付けていました。居心地よく働いていました。自分がやり方を知っている仕事をしていたのですから。

「居心地がいい」という言葉は、オフィスがある場所にも当てはまりました。私は郊外の家に20年以上住んでいて、当時のキャンパスの場所はちょうどよかったのです。便利なだけでなく、安全で、美しくて、親しみやすいエリアでした。

トニーがダウンタウンに移転すると言い出したときは、正直なところ、「ワオ、あんなに怪しげで、誰も行かないような怖い場所に行くの？」と思った一人です。

私は明らかに、居心地のいいゾーンから押し出されようとしていました。そして、移転の発表からまもなく、私は居心地のいいゾーンから引っ張り出されました。

ザッポスの経営幹部の一人で、私が大型百貨店のノードストロームで働いていたときの同僚でもあるフレッド・モスラーに呼び出されました。5分間ほどの会話でしたが、彼にこう言われました。

「ダウンタウンではいろいろなことが起きている。そのマネジメントを手伝ってくれる人が必要だという話になって、きみの名前が出てきた。僕は思いつかなかったんだ。きみの得意分野かどうか、わからないから。きみが楽しめる仕事かどうかもわからない。この役割を引き受けて、今

きみが心から楽しんでいる仕事を手放すつもりはあるかな?」

私は思いました。「ワオ、フレッド、それはほめすぎよ。どう考えても、私しか適任者はいないじゃない!」

ジーンの皮肉を体験したことがない人は、ぜひ一対一で体験してみよう。点数をつけるなら、ほぼ毎日、満点だね。

大好きな仕事から離れるのは怖かった

新しい挑戦でした。ザッポスを離れて、トニーがダウンタウン・ラスベガスの再開発を支援するために設立した、DTPカンパニーズという別会社に移るという意味でもあったのです。

これまでのようにバイヤーのチームや、私の大好きなブランドと一緒に働くのではなく、トニーとフレッドのそばで、ダウンタウンのエコシステムに投資している人々や、ザッポスの社内外のコミュニティの人々と仕事をすることになりました。

そのすべてに、わくわくさせられました。すべての目的は、私たちが会社として変化を受け入

れ、変化を推進することでした。私の目の前で、トニーのビジョンが実践されていきました。ザッポスの全員を、あえて居心地のいいゾーンから押し出そうとしていました。

どんな役割であれ、進行する変化に貢献できることは、とてもエキサイティングで、新しくて、クールな体験でした。

簡単なプロジェクトではありませんでしたが、変化の先により良いものが待っているのかもしれないと、私も思うようになりました。

当時は、仕事を変わることについても、同じような不安を感じていました。自分のチームと離れることは怖かった。今思えば少々大げさで、感情的になっていたのでしょう。でも、しばらくして、ザッポスを完全に離れるわけではないのだと気がつきました。以前の仕事仲間の多くとやりとりを続けて、しかも新しいことをたくさん学びました。

私は約11カ月間、ザッポスを離れて働きました。

移転前にラスベガスのダウンタウンについて聞く話と言えば、開拓時代の西部のような世界でした。でも、実際はまったく違う雰囲気でした。ダウンタウンに行ったときは、私はトニーとフレッドの会議に一日中、同行しました。たいてい朝7時に始まり、最初は険悪なムードで、夜11時まで続くこともめずらしくありませんでした。

当時はダウンタウンのエコシステムのインフラがあまり整っておらず、バーやレストランも多くなかったので、私たちはビートというカフェに陣取ってミーティングをしました。最高におもしろかった思い出は、2日目に市長とランチをしたことです！　著名な有力者だけでなく、とても興味深いビジネスピープルや地域の人々、街の外からのゲストなど、たくさんの人と知り合いました。「ワオ！　前の仕事を続けていたら、こんなにバラエティに富んだ出会いはなかったわ！」

自分の居心地のいいゾーンから抜け出すことは、私にとって本当に素晴らしいことでした。会社がこれまでの居心地のいいゾーンから抜け出すことも、ザッポスにとって素晴らしいことになると思いました。計画がまとまるにつれて、私には見えてきました。そして、現地の見学ツアーや「DT　ZEN」の記事を通じて、ダウンタウンで働き始めて変化を目の当たりにしている私たちチームとの交流を通じて、ほかの社員にも見えてきました。

ザッポスが移転した後、私はアマゾンのポストである「テクニカル・アドバイザー」として復帰する機会をもらいました。「技術的」な人間ではまったくないのですが。トニーの参謀のような役割をしています。おもしろいですよ。私はここ数年でいろいろな変化を起こして、いろいろな役割を経験してきました。マーチャンダイジングの仕事を離れて枠を飛び越えるのは、最初は怖かったけれど、今は飛び越えてよかったと思っています。

私たちが「変化を受け入れ、変化を推進する」というコア・バリューを掲げ、「成長と学習」を

重視しているのには理由があります。

自分の身に変化が起きると、怖いものです。居心地が悪いものです。安全地帯から押し出されると考えただけで、逃げたくなる人もいます。

でも、変化を受け入れて、変化を推進するとき、それは機会になります。そこから学んで、そこから成長するのです。

このように考えてみると、変化は良いものです。

同じ屋根の下に

ケリー・スミス Kelly Smith

実験的マーケティングとブランド戦略

今習っている楽器は7種類。カズーを入れると8種目ね！

コミュニティの一部になる

「ワオ！　社員がみんな、とても幸せそうですね！」

ダウンタウン・ラスベガスの私たちのキャンパスを訪れたゲストに、よくそう言われます。

移転をめぐっては、多くの人が抵抗して不満も言いましたが、同じ屋根の下に落ち着くことによって、みんながつながっているという意識が強くなりました。自分たちがつながっていると感じていると、その精神がすべての行動に反映されます。

ＤＴＬＶ（ダウンタウン・ラスベガス）に移転後は、さまざまな部署がより密接に連携しやすくなり、地域社会との連携も深まりました。ＤＴＬＶはすぐに、私たちのキャンパスと家族の一部になりました。ミーティングやイベントは、ダウタウンのレストランやバー、コーヒーショップで行うようになりました。キャンパスのすぐ近くにある古いホテル兼カジノをコンドミニアムに改装して、そこに入居した社員もいます。仕事と生活がシームレスに相互作用する、より緊密なコミュニティが生まれました。

最近はビジネスパークや都市が無秩序に広がるスプロール化が多数派ですが、私たちのダウンタウンのキャンパスは、会社以外の「生活」からの疎外感が少ないでしょう。マンハッタンのニユーヨーク大学（NYU）のように、都会の真ん中にある大学キャンパスに似ていると、トニーが話していたことがあります。街を歩いていて、どこからどこまでが大学の敷地なのか、わからないのです。キャンパスは街の一部になって、学生はより広いコミュニティや近隣地域の一部になっています。学校はコミュニティに活気を与え、コミュニティは学校に活気を与えます。

私たちの移転はうまくいきました。ダウンタウンという環境で全員を一つ屋根の下にまとめることによって、ランダムな相互作用や議論が増えて、創造性が発揮されるようになりました。カフェやエレベーター乗り場、地元のレストラン、仕事帰りのバーで、創造性と意欲にあふれるサービス志向の人々が毎日すれ違っています。ロビーの外にある広場は一般に開放して、地域に密着したイベントを数多く開催しています。

ザッポスのキャンパスに魔法が起きた

ジョーバーン・バーゲロン Jovahn Bergeron
ビデオグラフィー、ニュースルーム
昔のルームメイト数人が、自分たちの誕生日に170万ドルを当てた。

ザッポスからハードロックカフェへ

11歳からスケートボードをしています。人生の一部です。2008年に高校を1年ほどで退学した後、プロを目指しました。スポンサーのエメリカ・フットウエアが、たまたまザッポスの取引業者だったんです。当時の私の担当者は、ザッポスの担当者でもありました。

彼から「ザッポスに顔を出さないといけない。一緒に行こう」と誘われました。私はザッポスが何か知らなかったけれど、気軽についていきました。ちょうど2人でカリフォルニアにドライブに行く予定だったので、途中で寄ればいいと思っただけです。

ロビーに足を踏み入れたときのことは、忘れられません。まだダウンタウンに移転する前で、ヘンダーソンの本社に行きました──ロビーでみんながダンス・ダンス・レボリューションを踊っていたんです。「何が起きているのかわからないけれど……、クールかもしれない！」すると突然、誰かが私のところに来て言いました。「やあ、今日はバックパックを配っているんだ。どうぞ！」そして、挨拶を返す前にバックパックを渡されました。「いいね。ここが気に入った！」と思いました。

一緒に行った担当者はミーティングがあったので、1時間後に落ち合うことになりました。残された私はあたりをウロウロしました。ここがどういう場所なのか、何の仕事をしているのか、よくわからなかったけれど、みんな笑顔で、本当に楽しそうでした。話をしたり、冗談を言い合ったりしていて、仲間はいいものだなと感じました。

帰り際に、私は相棒のゴンゾに電話をかけました。「2人でザッポスに応募して、あそこで働こう。最高だよ！」

カリフォルニアから戻った私は、結局、ハードロックカフェに応募しました。同じくらいクールな職場だと思ったのです。でも、相棒のゴンゾは私の助言どおりザッポスに応募して、採用されました。私はしばらくハードロックカフェのホールスタッフとして働きましたが、スケーターとしてもスポンサーがついて、順調にやっていました。

消え去った夢、そしてザッポスへ

その後、スケートボードに専念するためにカリフォルニアに引っ越す準備を始めました。カフェの仕事も辞めて、すべて整理がついて、あと2日で引っ越すというときに、左膝をケガしたのです。重傷でした。手術が必要でした。私の夢は終わりました。その瞬間、スポンサー契約もすべて打ち切られました。

手術を受けて、すぐにおカネがなくなりました。叔母を頼ってテキサスに行きました。ケガが治るまで少し援助してもらい、家事や雑用を手伝うことにしたんです。これから自分はどういう人生を送ればいいのか、何も考えられませんでした。スケートボードに夢のすべてを託していたのです。

何カ月そうしていたのか、記憶にないくらいですが、しばらくしてゴンゾから連絡がありました。「まだザッポスで働きたい?」

「ああ、助けてくれよ。何でもやるよ」

ゴンゾの助けを借りて、ザッポスで電話オペレーターの仕事を始めました。最高でした。人と話をして、一日中人を幸せにする仕事です。

慣れるまで時間はかかりました。私は通話を保留にして、「本当に靴を無料にしていいですか？　送料を無料にしていいですか？　返品を受けていいですか？」と周囲に確認しました。自分の判断でサービスをしすぎたら、後で困るんじゃないか。それが心配で仕方がなかったんです。

でも、**すぐにここのルールに慣れて、「ワオ！」の贈り物を担当するチームに昇進しました。顧客との素晴らしいつながりをもとに、クッキーや花束など、さまざまな贈り物を決めるチームでした。ここで働くみんなと同じように、私も会社が大好きになりました。スケートボードをやっていたことが、遠い昔の話のようでした。**1年以上離れていて、ケガが治ってまた滑れるようになっても、自分は上のレベルには行けないとわかっていました。夢に蓋をするしかありませんでした。

それでも何かしらスケートボードの世界に携われたらいいなと思っていました。そして、社内のバイヤーと話をしたときに、自分のキャリアを活かせるかもしれないと考えました。スケートボーダーが好きそうな靴や服を選んで売る、そういうのもいいかもしれない。ただ、実際の仕事について調べれば調べるほど、自分が望んでいる道ではなさそうに思えました。

旧市庁舎の建物全体をスケートボード・イベントの会場に

意外にも、スケートボードの知識をザッポスでの仕事に結び付ける機会は、すぐに訪れました。ザッポスがダウンタウンのフリーモント・ストリートでスケートボードのイベントを開催することになり、私は手伝いを志願しました。

最初の年は予算があまりなくて、腰くらいの高さのスロープを1本つくるのがやっとでした。私は「これではうまくいかないな」と思いました。でも、企画自体は歓迎でした。スケートボードの世界では、ザッポスは人気がなかったからです。私もスケートボーダーとしては、ザッポスで何かを買おうと思わなかったでしょう。このイベントで、ザッポスでもカッコいいギアが買えることは知ってもらえました。ただ、初回はかなりダサかった。「ワオ!」も全然、足りませんでした。

私は何か大きなことをしたいと思っていたので、イベントの運営チームに話をしました。私の意見に彼らは耳を傾けてくれて、イベントは年々良くなりました。

私がこれだと思ったのは、ラスベガスのキャンパスに完全に引っ越してからでした。建物の外に大きな金属製の手すりがあって、素晴らしい広場があります。私は移転する前からこの場所に目をつけていて、こんなところで滑りたいと思っていましたが、当時は立ち入り禁止でした。旧市庁舎で、警察官が1日24時間ずっといました。ザッポスが入居した後も、建物の周辺には警備員がいましたが、スケートボーダーの血が騒ぎました。「ここを滑らないと！　いつ、どうすればできるかわからないけれど、絶対に滑ってみせる！」

そこで思いついたのです。この広場でイベントをやろう。フリーモント・ストリートを車両通行止めにする必要も、スロープをわざわざつくる必要もない。「きっとうまくいきます」と、私は運営チームに提案しました。「飛び切りのスケートボーダーを連れてくれば、階段をジャンプして、奇跡が起こりますよ」

驚いたことに、彼らは私に賛成してくれました。やってみよう、と。このとき私たちがキャンパスで開催したスケートボードのイベントは、今でもこの会社で史上最大のイベントの一つでしょう。広場に4000人が詰めかけました。最高のトリックには賞金を用意していましたが、スケーターが次々にステップを跳んで、クレイジーなトリックを披露し始めたのです。

魔法でした。台本はいっさいなし。「次は、オマハから来た彼が360に挑戦します！」というMCもありませんでした。

そんなものは必要ありません。僕が言ったとおりになりました――「何もいりません。この会場にスケーターを立たせれば、魔法が起きます」

このイベントより前に、私は法務とリスク管理のチームに、週末に6階建ての駐車場をスケートボーダーに開放して、巨大な遊び場にできないかと相談したんだ。すぐに却下されたけど（「スケートボーダーが上階の壁を誤って飛び越えてしまったら、どうするんですか？」だって）。ジョーバーンのイベントを実際に見て、とにかく興奮した。動画はこちら（https://www.zappos.com/about/stories/good-times-and-fire-rhymes）。

ザッポスでは、さまざまな行動の理由に気づいてもらえる

こんなに素晴らしいことが起きるんです。よその会社なら、偉い人たちが役員室に人を集めたり、フォーカスグループを立ち上げたりして、どうすれば最高にクールなスケートボードのイベントを開催できるだろうかと話し合うかもしれません。そうやって思いついたことは、賭けてもいい、絶対にクールじゃない。

私たちのイベントはクールでした。すべてが1つになって、ザッポスがついにスケートボードの世界でクールだと認められて、とてもやりがいを感じました。あの日の出来事と、それを実現

したチームワークを、誇りに思っています。

私の今の夢は、ラスベガスのダウンタウンにスケートパークをつくることです。ザッポスブランドのスケートパークです。ダウンタウンにそのような場所をつくることは、私の長年の夢ですが、実現できると信じています。なぜって？　そうすれば、ザッポスのスケートパークで毎年、イベントを開催できるんですよ。

自分がどういう人間なのか、会社に何をもたらすことができるのか、それを評価してくれる会社で働いていることに、心から感謝しています。

スケートボードだけではありません。2016年6月にチームビルディングのエクスカーション（小旅行）があって、その日が誕生日だった私は、ちょっとした動画を作成しました。超高速の早送り再生に編集したものを、ブランド・オーラのチームを率いるタイラー・ウィリアムズに見せたら、「きみが作ったの？　いつもこんなことをしているの？」と言われました。ティーンエイジャーの頃に、自分のスケートボードを記録するために動画の作り方を勉強したことがありましたが、私は「ただの遊びです」と答えました。

「ザッポスはこういうテンポのいいストーリーを次々に披露しようと考えている。ブランド・オーラできみに合う仕事があるかもしれない」と言われました。そして、気がつくと、私はブランド・オーラでブログのコンテンツ作成者になっていました。

私は社内のあちこちで動画を撮影し、ブログで紹介する素晴らしいストーリーを探しました。最初の数カ月はタイラーに、「どんなストーリーがいいですか？　どんなストーリーを見つけてほしいですか？」と聞いてばかりでした。彼は「行って見つけてこい。私に聞かないで、とにかく行ってこい」と言いました。

ブログを始めてから数年で、読者数は増え続けています。私のストーリーテリングのスキルも格段に向上しました。今は本当に楽しんでいます。

すべてのことには理由があります。ただし、ザッポスでは、人々がその理由に気がつくのです。何かしら起きた出来事は、それぞれ意味があります。それが起きた理由も、私たちの行動の一部です。私たちの情熱は目標になり、情熱を実現するための支援を受けることができるのです。そして、すべての人の体験を向上させることにつながります。

何が起きても大丈夫と思える仲間がいてくれる

ジョン・クリコリアン John Krikorian
カスタマー・ロイヤルティ・チーム

ここでの「支援」は、ビジネスよりはるかに大きなものです。そこには仲間意識があります。同じ屋根の下で、私たちは毎日のように顔を合わせています。心からお互いのことを思い、今や1500人の社員がいて、さらに増え続けていても、全員が1つの家族のようです。大げさではありません。自分に何が起きても、一緒に働いている仲間がいるから大丈夫だと、素直に思います。

数年前の冬、クリスマス直前に、自宅の暖房が故障しました。機器は屋根に設置されていて、交換に8000ドル近くかかりそうでした。その年の私には、そんなに大きな出費の余裕はありませんでした。しかし、自分でお金の工面を考えるより先に、上司がクラウドファンディングのサイトに登録して、同僚の多くが寄付してくれました。別の会社にいる昔の上司までが、かなりの寄付をしてくれたのです。クールでした。無事に機器を交換してもらい、自分の子どもたちに素敵なクリスマス・プレゼントを買うことができました。

何が起きても大丈夫だと思えるのです。1500人のサポート・システムがあるから。

会社のために誰も犠牲にしたくない

ジェイミー・ノートン Jamie Naughton
チーフ・スタッフ（顧問、主任アドバイザー、首席補佐官）
嗅覚がとてつもなく鋭いことは、天の恵みでもあり呪いでもある。

「社員である前に一人の人間である」という大切な前提

社員同士が支え合っている、オフィスに笑顔が絶えないと聞いて、私たちのことを少々誤解している人もいるでしょう。例えば、職場の「カルト宗教」みたいだと言われることもありますが、けっしてそんなことはありません。私たちは価値観を重視して人を採用しますが、その価値観をどのように実践して表現しているかを見てみると、同じ表情や振る舞いをする人は一人もいません。

みなさんもザッポスの社員に会う機会が増えれば、私たち一人ひとりが違う人間だとわかるでしょう。それぞれが異なる強みを持っていて、コア・バリューをさまざまなレベルで表現しています。しかし、採用プロセスがうまくいくと、多くの社員が同じ価値観を持っているので、たとえ自分とはまったく違う相手でも、一緒に働く人を心から好きになるでしょう。

誰もがいつも笑顔でいることを、求めているわけではありません。そういうルールもありません。このキャンパスで働く社員のために、楽しい雰囲気と楽しい職場をつくっているだけです。私たちは多様性を受け入れています。社員には本当の自分として、仕事に取り組んでほしいと思っています。

社員である前に一人の人間である以上、気持ちの浮き沈みがあります。落ち込んでいるときも、高揚しているときも、それぞれ仕事に影響するでしょう。結婚を控えていれば、出勤しても仕事に集中できないかもしれません。無理もありませんよね。身近な人を亡くしたばかりで、ほかのことが考えられないかもしれません。そのような事情を理解してくれない会社で働くなんて、私には想像できません。

人間らしいアプローチが会社を強くする

私はザッポスで働いて14年。その間に、自宅の火事、2回の流産、3人の出産、離婚、結婚、そして昨年は母を亡くしました。まるで災難のデパートですね。でも、私の人生で何かが起きるたびに、ザッポスは私に癒しをもたらし、祝福してくれるのです。私たちは仲間です。家族です。

母が亡くなったのは夜8時ごろで、1時間も経たないうちに3人の同僚が自宅に来てくれました。次の日は10人。でも、それは私だったからです。私は、困ったときはそばにいてほしいから。

最近、やはり母親を亡くした社員は正反対で、「ありがとう。いつでもメールしてください。でも、弔問は遠慮します」と言いました。私は彼女の思いを尊重します。私たちみんなが尊重します。その人が求めていることと、会社で引いている境界線を、私たちはできる限り尊重するのです。

それが会社を強くします。弱めるのではなく、あらゆる意味で強くします。

会社のために家族を犠牲にしていないと思えるから、私は仕事に前向きに取り組めます。ザッポスが私の家族から私の時間を奪っていると、苦々しく思うことはありません。私の家族が私の時間をより多く必要としているとき、ザッポスはしばらくの間、私の時間をあまり奪わないようにしてくれます。そのために陰で大きな迷惑をかけたり、余計なストレスを抱え込んだりすることはありません。

ザッポスは私たちがやるすべてのことに、人間らしいアプローチをとっているからです。

そして、私たちの多くの例を見てわかるとおり、その見返りは、長く勤める社員が多いことです。離職率の低さが証明しています。社員が新しい役割へと成長していく姿を見ることができるのは、彼らがここで働くことが大好きだから、自分のために最善を尽くす会社に、自分のすべてを捧げようと思っているからです。

8

Sharing Values

価値観を本気で
シェアする

私たちには秘密がない

ジェフ・エスパーセン Jeff Espersen
マーチャンダイジング責任者
DIYが大好きだ。自宅のメインの浴室、キッチン、外の暖炉、バーベキュー台も自分で改装したよ。

自分たちがうまくできることに集中しよう

私たちが採用するのは、自分の仕事に情熱を持っているだけでなく、倫理的で、信頼できて、親切な人です。これらの特性や価値観を支えるようなかたちで、全員が協力して仕事に取り組みます。ほかの会社ではあまりないことでしょう。私が以前いたいくつかの職場では、誰かとすれ違って「こんにちは」と声をかけても、相手は返事もせずに行ってしまうことがありました。「どうした？　挨拶くらいできるだろう？」と思いますよね。

この2つの環境の違いを理解できる人を採用することによって、会社を成功させるという情熱にあふれた本当に勤勉な人が、集まるようになりました。誰もが何かしら役割を果たし、誰もが自分の役割を果たしていることに価値を感じているのでしょう。

ただし、それだけではありません。自分たちがどんな人間なのか、何をしているのかを理解していて、サービスを通じて「ワオ！」を届けることが何よりも大切であるという自信があれば、競争相手のことを気にしすぎて、時間を無駄にする必要もありません。私たちが気にかけるのは、自分たちが何をするかです。そのことを好きなだけ考えます。

多くの企業が間違えているのは、競争相手が気になりだすとそちらに時間を取られて、自分たちに集中しなくなることです。もちろん、私たちも市場で起きていることには常に注意しています。それはビジネスの一部です。そこに目をつぶっても意味はありません。しかし、新たな課題に対応して自分たちのビジネスを成長させようというときは、私たちの文化では、自分たちがうまくできることに集中しようとします。自分たちにうまくできることは、自動的に競争相手との差別化につながるからです。「彼らのように」なろうとする努力とは、方向が違います。

おもしろいことに、内向きになって、自分がうまくやっていることや、もっとうまくできることに注力することは、利己的ではありません。実際、私たちは最初からずっと、学んだことを（競争相手を含む）他社と共有してきました。

その意味で、私たちには何の秘密もないと言えるでしょう。この本を出版したのも、みなさんに隠し立てをするつもりがないからです。

世界をインスパイアするという野望

クリスタ・フォーリー Christa Foley
ブランド・ビジョン、人材獲得、社外カルチャートレーニング　責任者
ウオツカ・マティーニをカクテルグラスで、オリーブのブルーチーズ詰めを添えるのがお気に入り。マティーニは魅惑的じゃないとね！

ちなみに、ウオツカ・マティーニとオリーブのブルーチーズ詰めをクリスタに教えたのは私なんだ。個人的に、マティーニはキリッと冷えた超ドライがいいね。ベルモットはなし。つまり、冷えたウオッカをストレートで。オリーブのブルーチーズ詰めは、おいしいものになかなか出会えない。ルースズ・クリス・ステーキハウスは絶品だ。私は必ず追加してもらう。

ザッポスの哲学を世界に広めよう

この本を作ろうと決めるずっと前に、この本のタイトルを思いつくずっと前に、私たちは「ザッポス・インサイツ」というチームを立ち上げました。今みなさんが読んでいる私たちの哲学を、世界に広めるためです。

一般向けには、DTLVのキャンパスの見学ツアーを提供しています。また、アメリカの企業を対象に、3日間のカルチャー・キャンプ、「ワオ!」スクール、ザッポスの各部門のスペシャリストとの一対一の質疑応答、ザッポス社員の基調講演などを提供しています。長年にわたり、さまざまな業種の企業が参加しています。

このような方針は、企業秘密を守ることとは別の話です。自分たちは世界をより良い場所にできると確信している企業が、企業としての哲学や慣行を、誰にも教えようとしないのはおかしいですよね。だから私たちは、知っていることを共有します。うまくいけば、ほかの組織を(たとえそれが競争相手でも)前進させることができ、結果として私たちも革新と前進を続けることができます。

ほかの企業を自分たちの場に招き入れ、知識を世間から隠すのではなく学校を開いて教えるこ

とは、知識の成長モデルとしてかなり大胆です。従来の企業のパラダイムを覆す、と言えるかもしれません。私たちは、広く共有しているインサイツを後悔したことは一度もありません。

これは、私たちザッポスが掲げる目的とも一致する——長期的かつ持続可能な方法で、顧客、社員、地域、取引先、株主に、同時にハピネスを提供することが可能だと示すことによって、世界をインスパイアすること。

10代の息子に伝えたい！　インサイツで学んだ教訓

多くの人は、物事を成し遂げるという意識を育みながら成長します。ザッポスは、この成長マインドセットを強く後押しします。ザッポスの社員や、社外の人々、さらにはほかの会社の成長を促しながら、より良い働き方や、より良い生き方を創出するように世界を鼓舞したいと、心から願っています。

私はこの会社で働いているおかげで、より良い、より幸せな人間になっています。私には10代の息子がいます。シングルマザーです。私がここで働いているから、息子はより良い人生を送り、より幸せになって、精神的に安定しています。

その根底には、自分がただお金を稼いでいるのではなく、何かもっと大きなことに貢献していると感じられる、という基本的なコンセプトがあります。私はここに来るまで8年間、典型的な「会社」の世界で働いていました。あまりに多くのことを、ただの商取引だと感じるようになって、最後は仕事が「ただのビジネス」になってしまいました。

「ただのビジネス」という言葉が出てくるたびに、活力を吸い取られるような気がしませんか？いい気分ではありません。私は、商品を売ることよりサービスを提供することを優先するような場所で働きたいと思いました。人として成長することは、数字を伸ばすことより重要ではないとしても、同じくらいに重要です。

成長は簡単ではありません。採用部門からザッポス・インサイツへの転籍をトニーに勧められたときも、私にとっては厳しい変化でした。15年間、採用の仕事をしていました。B2B（企業間取引）のことはもちろん、教育についても何も知りませんでした。今はザッポス・インサイツに移って7年になります。この仕事が大好きです！（ちなみに、最近、再び採用チームの手伝いをすることになりました。ぐるりと回って元に戻りました。☺）

厳しい決断をしようとしているときに、「ノー」と言いたい理由が、居心地が悪いからとか、確実に結果を残す自信がないからというだけなら、それは「やらない」理由として好ましくありません。私が学んだこの教訓を、息子にも伝えたいのです。

それでクリスタ？　どうして全社ミーティングでは、ステージに上がろうとしないのかな？☺

コア・バリューを共有していても、意見が食い違うときはあるけれど

この教訓は、仕事にも個人の人生にも、同じように当てはまります。

ザッポスで学んだ教訓と、私たちのコア・バリューと、自分の個人的な価値観について考えることは、私の人生に大きな影響を与えてきました。この会社に来るまでは、価値観についてあまり考えたことがありませんでした。自分の倫理観について、ここまで具体的な言葉で考えたことがある人は、ほとんどいないでしょう。しっかりとした土台の上に立てば、仕事でも家庭でも、人生が少し良くなります。とても良くなるかもしれません。

もちろん、いつも完璧とはいきません。コア・バリューを共有しても、意見の食い違いは必ずあります。人間関係は常に虹と太陽で輝いているわけではないし、私たちのような職場は人間関

係がすべてです。そして、家族も簡単にはいきません。葛藤もあります。ザッポスの家族が大きくなればなるほど、より多くの葛藤が生まれるでしょう。

しかし、私たちが違うのは、何が起きても一緒に働くということです。意見が合わないときも、一緒に乗り越えてきました。みんなが成功したいと思っているからです。私たち全員が、この会社を成功させたいと思っています。そして、お互いのこと、顧客のこと、ラスベガスのオフィスだけでなく、すべての場所で一緒に働くすべての人のことを、心から大切にしています。

みんなで一緒にやっていると実感するとき

ジョン・クリコリアン John Krikorian

カスタマー・ロイヤルティ・チーム

フィグという名前の豚を飼っている。

ホリデー・ヘルパーの話を、もう一度させてください。

ダウンタウンへの移転を進めている最中と移転後に次々に起きた驚くべき、そして不安でたまらなかった変化の核心と、まさに重なるプログラムなんです。そして、私たちはみんな一緒にいると、実感させてくれる伝統行事でもあります。ザッポスは、「彼ら」と「私たち」、上層部と下層部、ピラミッドの頂点と底辺という会社ではありません。そんなものは存在しません。そのことを毎年、あらためて感じる季節です。

私が２００９年に入社したときは、常時採用をしていました。顧客からの電話に対応する人員が足りなかったのです。1年で最も重要な時期は、できるだけ多くの人手が必要でした。カスタマー・ロイヤルティ・チーム以外のすべての社員が、ブラックフライデーから1月末まで、顧客対応のサポートにまわっていました。

そのような状況も、長年の間に少し前進したようです。今はもう、繁忙期でも全社を挙げての手助けは必要ありません。電話に出るスタッフは十分にいるし、電話の量が増える時期は臨時要員を採用できるようになりました。しかし、トニーと経営陣は、電話オペレーターは私たちが生き続けるための重要な伝統だと考えてきました。私もそう思います。

社内でどのような仕事をしていても、自分のやっていることが顧客に影響を与える、ということを忘れてはいけません。顧客とのつながりを大切にして、カスタマー・サービスの最前線の感覚を思い出すのです。

ホリデー・ヘルパーは、カスタマー・ロイヤルティ・チームへの共感を駆り立てることにもつながります。時給で電話応対の仕事をしているスタッフは、ときどき社内で疎外感を覚えるのです。ザッポスはそう感じさせないように努力をしていますが、クリスマスシーズンに社内のあらゆる部署の人が、自分の隣で電話に出ているという光景は、そのような疎外感を確実になくすでしょう。

社内の技術革新にも役立っています。技術部門の人がホリデー・ヘルパーとして電話に出て、顧客の問題に自ら対応しているときに、システムが遅い、難しい、不便だと気づくと、それを変えて改善しようという気になります。例えば、ザッポスには「高度な交換」と呼ばれる制度があり、以前は複数のプロセスを経ていました。

社内のある開発者が「高度な交換」を直接、体験して、翌日にはプログラムを修正し、ボタンを1つ押すだけで手続きが完了するようにしました。ボタンを押すとあちらこちらでベルが鳴り、すべての処理が終わります。素晴らしい。

「高度な交換」というのは、商品の交換（普通は同じデザインのサイズ違い）を希望する顧客のために、ちょっとした秘密作戦を実行すること。顧客が私たちと電話で話している間に、元の商品がこちらに返ってくる前に、代わりの商品を発送するんだ。私たちに信頼されているとわかって、顧客は「ワオ！」となるというわけ。

「CEOのトニーです！」は空振りに！

しかし、ホリデー・ヘルプで最も大切なのは、私たちはみんなで一緒にやっているというメッセージを、会社全体に向けて発信していることです。トニーは毎年必ず、電話が特に多い日にシフトに入ります。例えば、クリスマスの翌日の12月26日は、交換や返品について、靴下に入っていた商品券について、ほかにもさまざまなことについて、ありとあらゆる問い合わせの電話がかかってきます。

トニーがみんなと並んで座っているだけで、本当にクールな光景です。

私がホリデー・ヘルプをしたとき、トニーが近くにいて、返金か何かの手続きを手伝ってほしいと頼まれました。顧客を手助けしているCEOを、私が手助けしている……？　なんだか変な気分でした。

私は彼に聞きました。「電話では自己紹介をするんですか？　どんなふうに？」

「前は『こんにちは、ＣＥＯのトニーです！』と言ってみたけれど、『こんにちは、トニー。靴を交換してほしいの』と言われるだけだった。僕が誰かなんて、気にしていないんだ。だから今は、みんなと同じように名前を名乗るだけだよ」

この伝統を守っても、必ず何かが起きるわけではありません。しかし、人々が地に足を着けて、自分がここにいる理由をあらためて思い出して、会社の原動力に結び付けるでしょう。

バスに適切な人を乗せれば、満員のバスは自分で考えて進む

ジーン・マーケル Jeanne Markel

トニー・シェイCEOのテクニカル・アドバイザー

今年中に夫と2人で、大リーグ全30球団の球場と、全米50州のワイナリーを制覇する予定。まだ球場は7カ所、ワイナリーは5カ所しか行っていません。忙しくなりそう！

一緒に前に進み、乗り越えて、あるいは回り道をする

毎年みんなで電話に出て、みんなでダウンタウンに移ったという経験があるから、どんな変化も一緒に実現できると思えるのです。こうした家族のような感覚が増幅されて——安っぽい言い方ですが、私にとって家族にほかなりません。

文字どおり、家族です（私の本物の家族は、『そうそう！　彼らはジーンの家族だ！　間違いない』

と笑っているでしょう。彼らも広い意味で、ザッポス・ファミリーの一員です）。私たちが一緒にやっていることや、交流のスタイルは、ほかの場所ではありえないでしょう。本当はあってほしいと思うのですが。

ここで長く働いてきて、私たちが経験してきたことと目指しているところを見ながら、ある考え方が身につきました。バスに適切な人を乗せれば、満員のバスは自分で考えて進むのです。何が起きても、どんな障害物や落とし穴を前にしても、私たちは一緒に最善の道を見つけて、前に進み、乗り越えて、あるいは回り道をします。

この考え方が、この会社にとってどれほど重要なものになったのかは、いくら強調しても足りません。

ラスベガスのダウンタウンの新しい拠点に移った頃には、私たちの多くが自信を深めていたでしょう。私たちは困難なことをするときも、今までに経験のないことをするときも、どんなことがあっても一緒にいたいと思っているのだと、あらためてわかったのですから。

やるべきことが何であっても、互いに支え合わなければならないときも、前に進み続けるために適応や変化を求められるときも、私たちにはできるという自信があります。

9

Driving Change

ホラクラシーの大変革!

「初期設定」の未来を超えて

トニー・シェイ Tony Hsieh
CEO
残り物で思いつきのスープを作るのが楽しい。

参考までに、この「私の」セクションは、マークが私にインタビューした内容に基づいているが、実際は彼の文章で書かれているわけだよね。厳密には私があまり使いそうにない言葉（「マネジメント」や「リーダー」など）もあるけれど、内容は正確で、私の視点を代弁している。一方で、これと同じスタイルの吹き出しは、すべて私が自分で書いたよ。執筆の裏話はこれくらいで。☺

15年目にザッポスは先手を打つことにした

従来のビジネスの世界にいる人は、2014年を迎えたザッポスを見て、こう言ったでしょう。「素晴らしい! みんなが同じ屋根の下にいて、新しいパートナーシップを結んで、素晴らしいことが始まっている! 今のままやればいい。波風を立てる必要はない。これまでに築いてきた最高のビジネスから、より多くの利益を掘り出す方法を見つければいい。全盛期が始まるよ」

それは、私が賭けてみたいと思うチャンスではありませんでした。しかも、同じことを永遠に続けていたら、私は退屈するでしょう。

S&P500企業の平均寿命は約15年です。私たちはまさに15年目でした。そのときの私たちが惰性で進み始め、「効率化」と「削減」という典型的な道を歩み、居心地のいいゾーンにとどまるなら、やがて衰退するだろうとわかっていました。

企業にとって「初期設定」の未来は死です(企業は一般に、時間という試練に耐えられないものです)。言うまでもなく、市場に大きな変化が起きて顧客がネット販売から離れていくなど、予想外の変化があった場合は、何が起きるかは誰にもわかりません。それが予想外の変化というものです。

惰性に流されるべき時期ではありませんでした。先手を打つときが来たのです。ザッポスをよりレジリエンスのある企業にするために、今こそ「変化を受け入れ、変化を推進する」というコア・バリューを強化するのです。

これまで会社として成し遂げてきたことをもとに、それを次のレベルに成長させる新しい方法を、自分たちらしいやり方で見つけるときが来たのです。

私にとって、これは経営の構造を変えるということでした。人を新たに雇ったり、解雇したりするのではありません。チームを組み替えるわけでもありません。新しい経営構造を導入して、私自身と、典型的なトップダウンのヒエラルキー構造を取り除き、会社の土壌にしっかりと植え付けた進歩とイノベーションとレジリエンスを、成長させ、繁栄させるのです。

可能性を最大限に発揮させる温室でありたかった

植物でいっぱいの温室があって、植物の一つずつが社員だと考えてみましょう。典型的な会社は、CEOは最も大きくて、強く、カリスマ性のある植物と見なされ、すべての植物が、いつかそんなふうになりたいと努力するでしょう。ただし、私は自分自身や、自分のCEOとしての役割について、そんなふうに考えたことはありません。

あるいは、CEOは温室の主任庭師で、自ら土に手を突っ込み、水の酸性度を測って、すべての植物の健康状態を詳細に管理するという会社もあるでしょう(庭師がそこまでやるかどうかは、庭いじりをやったことがないからわからないのですが)。こちらもやはり、私は自分がそのようなCEOだと思ったことはありません。

ザッポスにおける私の役割は、たとえるなら、温室を設計した建築家です。適切な条件を維持すれば、植物は自力で成長して花を咲かせるでしょう。すべてのものが一定の基準に沿って作られ、適切にメンテナンスされて、温室のすべての植物が成長し、その可能性を最大限に発揮できるようにする。それが私の仕事です。

必要に応じて、私が温室の中に入って窓を交換したり、枠を調整したり、新しい温室に移動させることもありますが、基本的に邪魔にならないようにします。私が影になって、自然な成長を遅らせないようにします。

これは大人になってからほぼずっと、私の人生のテーマでもありました。

昔はしょっちゅうパーティーを開きましたが、私が主役ではありませんでした。それよりも、全体の流れを演出しながら、さまざまな人生を歩んできた人たちが衝突したらどんなことが起きるのかを、楽しみにしていました。音楽や照明、部屋の雰囲気、バーの場所などに影響を受けて、どんな衝突が生まれるのでしょうか。

私が現在暮らしているエアストリーム・パークでは、キャンプファイヤーを囲んで、日々おもしろい衝突が起きています。最近のある日曜日、シンガーソングライターのジュエルが、たまたま街に来ていました。私たちのパークで地元のビートボクサーとフリースタイルラッパーが演奏していて、ジュエルが合流することになり、トリオで2曲、即興の演奏をしました。今までに聞いたことのないパフォーマンスでした。もう二度と聞けないでしょう。

素晴らしい体験でした。私一人では絶対に実現できませんでした。私はビートボクサーやラッパーにはなれないし、もちろんジュエルにもなれません。彼らにできることは、私にはできないのです。私が彼らのマネジャーだったとしても、あの3人の組み合わせは思いつかなかったでしょう。完全に自然発生的で、セレンディピティ的な出来事であり、本当に感動しました。

そういうランダムな要素が、ビジネスでも結果を出すことがあります。だからこそ、ザッポスのみんなをもう一度、一つ屋根の下に集めたかったのです。そこから何が生まれるのか、見てみたかったのです。

ランダムな交流から生まれるものはランダムなものにすぎないことも、たしかにあります。それでも私の経験では、ランダムな衝突の100回のうち1回でも、何か創造的なものや、おもしろいもの、前向きなもの、収益性のあるもの、革新的なものが生まれれば、そこにビジネスの勝機があります。そして私の経験では、ランダムな衝突が前向きの結果をもたらす確率は、普通は百分の一よりはるかに高くなります。

この10年で私がいちばん変わったのは、温室の概念は小さすぎると思うようになったことです。規模の大きな企業は、あまり制約を受けるべきではありません。それに、温室は嵐で倒壊することもあります。

ザッポスのレジリエンスは十分か？

企業が嵐に耐え、変化のスピードに耐えるには、どうすればいいでしょうか。

その答えはレジリエンスにあると、私は考えます。レジリエンスの要素は複雑です。創造性、インスピレーション、人間性、確固とした（しかし柔軟性のある）信念と強固な基盤の上に築かれた進歩が必要です。それこそまさに、私たちがザッポスの創業当初から育んできたものです。

100年近く変わっていないトップダウンのピラミッド構造で仕事をしている私たちCEOや従来の管理職が、進歩や創造性やインスピレーションの邪魔にならないはずがありません。会社は大きくなればなるほど、官僚的になり、動きが鈍くなって、革新的ではなくなります。それは誰か一人のせいではなく、会社の規模や階層構造がもたらす結果です。

そうした古い経営スタイルで成長を目指すほぼすべての企業がたどり着く最後のゴールは、倒産です。それを知っていながら、私たちはなぜそのままでいるのでしょうか。

2000年代の初めに、ザッポスで私たちがやっていることを完璧に説明するフレーズが誕生しました。思いついたのは私ではなく、ほかの経営幹部でもなく、特別なプロジェクトでもなく、コールセンターで働く一人の社員でした。

「私たちはたまたま靴を売っているサービス会社です」

当時と同じように今も完璧なフレーズですが、最近は靴以外にもたくさんのアイテムを販売しています。私たちは第一にサービス会社ですが、私たちが販売する商品の中には、時間とともに変化する可能性が高いものもあります。今から20年後、30年後、40年後には、靴は、私たちが販売するアイテムの1つにすぎないかもしれません。

同じように書籍は今や、アマゾンで販売されている何百万というアイテムの1つにすぎません。ヴァージン・アトランティック航空やヴァージン・ホテルを利用している人の中には、ヴァージンの名を冠したCDショップやレコードレーベルがあったことを覚えていない人もいるでしょう。ブランドとして、あるいはさまざまな事業の集合体として、ヴァージンは今も存在しています。時間とともに進化して、成長したのです。

リチャード・ブランソンはヴァージンのカリスマ創業者としてユニークなキャラクターを持ち、会社の進化の大部分は彼の個人的なビジョンに依存していました。ただし、すべての会社にリチャード・ブランソンがいるわけではありません（実際、第二のリチャード・ブランソンはいません）。ヴァージン以外の世界でブランソン流の考え方をすることが、はたして可能でしょうか。

レジリエンスを持つ都市のような組織に

企業を時代とともに進化させて、何十年も存続させるためには、どうすればいいのでしょうか。どのような種類の組織を手本にすればいいのでしょうか。地球上の大半の企業より長生きしてきた組織や有機体とは、どのようなものでしょうか。

私は数多くのビジネス書や文献を読んできました。その多くはザッポスの図書館で社員と共有しています。私は幸運にも、このような疑問を持つようになってから、とても興味深いＣＥＯや創業者、あらゆるタイプの研究者と時間を過ごしてきました。彼らを招待して、社員に話をしてもらうこともあります。そして、あらゆる研究と検討を経て、人間組織の最適のモデルは都市だと考えるようになりました。

都市にはレジリエンスがあり、それなりの規模があって、時の試練に耐えて変わらないという意味でも、大規模な自己組織の理想的な手本という意味でも、最適なのです。

都市は繁栄し、数百年、数千年と続くこともあります。帝国や国が崩壊しても、偉大な都市は生き残ります。

それはなぜか？

進化しているからです。絶えず進化しているからです。そしてほとんどの場合、都市は自己組織化します。

市長は市民に、あれをしろ、ここに住めと、直接、指示することはありません。特定の企業を設立するかどうかや、どのように経営するかを決めることもありません。1つの都市に、同じビジネスをしている企業が複数あってもかまいません。同じ地域に集中するときもあるでしょう。これは典型的な企業の考え方とは矛盾します。企業は、重複する仕事は「効率的」ではなく、「効率化」のためには「合理化」が必要だと思い込んでいます。

ただし、効率性の追求は代償を伴います。安定性や効率性は、どちらも簡単に測定できます（少なくとも、ほかの要素より測定しやすいでしょう）。これらの数値を向上させようとするときに、犠牲になるのは、たいていレジリエンスです。しかし、レジリエンスは、企業にとって長期的に重要なものです。あらゆる組織にとって重要なのです。

より典型的なヒエラルキー型の企業環境では、1つのことが効率的になって改善されると非常にうまく機能しますが、世の中が変わる、競争が変わる、あるいは技術が変わると、機能しなくなります。レジリエンスや多様性、都市のような機敏さを維持する力がなければ、かつては偉大だった企業やレコード会社やテクノロジー企業も、一夜にして全滅するでしょう。

ザッポスには、そうなってほしくありません。

時の試練に耐えるために、ザッポスをトップダウンのヒエラルキー型の組織ではなく、都市のように運営する形に変えることはできないだろうか。

２０１４年を前に、私はそう考えていました。

全員の長期的な利益のために、前進を続けたかった

この会社でうまくやってきたことを、もっと追求したいと思いました。私たちの歴史の大部分が証明してきたように、すべてがうまく機能しているときは、売上げの数字が自然とついてくるものです。

しかし、私はザッポスに、より人間的な約束を果たしてほしいと思いました。私たちのコア・バリューの重要性を増幅させ、そのサポート力を高めること。受ける側も提供する側もすべての人にとって、最高のカスタマー・サービスとカスタマー・エクスペリエンスを提供すること。

私たちの大きな目標の一つが、本当の自分らしく仕事に取り組み、仕事と個人の生活をより円滑に融合させることなら、これまで以上にそれを実現するにはどうすればいいのでしょうか。

アマゾンによる買収やラスベガスのダウンタウンへの移転を通じて、私たちがある程度のレジリエンスを身につけたことが証明されたのなら、レジリエンスのある人々をどのように結集させ、より明るい未来に向けて背中を押すことができるでしょうか。どんな変化が訪れても成長し続けるには、どうすればいいのでしょうか。

残念ながら、そのような変化は目の前に迫っていました。２０１４年を前に、私たちは逆風にさらされていました。市場は変わり続け、競争相手は勝負のステージを引き上げました。２００９年にアマゾンとの買収契約が完了して以来、初めて、私たちは次の四半期に売上げと利益が減少する可能性がありました。

私たちに求められているのは、長期的な思考をやめて、短期的な日常の業務に集中することでしょうか。ザッポスをここまで強くした社員の解雇に踏み切ることでしょうか。支出を切り詰める？　数字をよくするために規模を縮小する？

どれも正しいとは思えませんでした。

私たちは、私たち全員の長期的な利益のために、前進を続けたかったのです。それこそ、常に私たちの目標でした。

私たちが出した答えは、社員の自主性をさらに高めるために、大きな変革を行うことでした。従来の管理職モデルを取り払って、これまで以上に、社員が会社のために自由な意思決定を行え

るようにするのです。

古い組織管理の体制を捨てて、新しいものを導入するのです。ザッポスを都市のような自己組織化のシステムに移行させるのです。

こうして2014年1月、私たちは正式に、自己組織化への第一歩を踏み出しました。ホラクラシーを導入したのです。

初めてのホラクラシー

ジョン・バンチ John Bunch

組織体制 トニー・シェイCEOのアドバイザー

本当は1本のジーンズを何年も洗濯しないではき続けたいけれど、妻がこっそり洗濯してしまう。

自己組織化というコンセプト

トニーは以前から、自己組織化に興味を持っていました。当時、自己組織化を支援する系統立ったシステムとして最も優れていたのが、ホラクラシーでした。

小さなスタートアップから中堅企業に成長していくなかで、以前は素早くできていたことができなくなったり、自分たちが望むスピードで革新や進化ができなくなってきた。そういう感覚から、このように大きな変化を求める声が生まれました。

振り返ってみれば、ほとんどの組織で起きているとおり、当然の結果でもありました。

トニーが注目していたエドワード・グレイザーの著書『都市は人類最高の発明である』（邦訳・NTT出版）は、都市が社会の素晴らしいエンジンであるという研究をもとに論じています。私たちは今、転換点を迎えています。歴史上初めて、農村部よりも都市部に住む人のほうが多くなっています。

現在、全人類の50％以上が都市に住んでいるんだ。私たちの世代が生きている間に、その数は75％に跳ね上がるだろう。

その理由は、この本によると、都市は「私たちをより豊かに、より賢く、より生き生きと、より健康的に、そしてより幸せにする」からです。研究で明らかになったとおり、都市の規模が2倍になるたびに、住民1人当たりのイノベーションと生産性は15%向上します。都市には指数関数的な性質があります。一方で、ほとんどの組織、特にビジネス組織では、正反対のことが起きています。組織の規模が2倍になるたびに、生産性は大幅に低下する傾向があるのです。

そこでトニーは考えました。私たちを「都市や複雑な適応システム」として考えることができないだろうか。従来のビジネス組織ではなく、都市のように考えることができないだろうか。

その最大の要素の一つは、自己組織化という概念です。これは、ルールはあるが支配者がいないシステムです。都市と同じように一定のルールはあり、その下で運営されます。法律や規定を作るのは統治機関ですが、「支配者」はいません。1人の人間が、私たちに直接、何をどのようにするかを指示することはないのです。

多くの組織では、経営構造はトップダウンです。指揮統制が効いています。あなたはマネジャーから進軍命令を受け、マネジャーには、あなたが下すかもしれない決定を覆す力と権限があります。

ホラクラシーは、それを打破するための枠組みを提供します。

ホラクラシーの原点を深く掘り下げたい人には、ブライアン・J・ロバートソンの著書『HOLACRACY（ホラクラシー）役職をなくし生産性を上げるまったく新しい組織マネジメント』（邦訳・PHP研究所）をおすすめしたい。

ホラクラシーって？

簡単に言えば、ホラクラシーは、自己組織化に向けて組織を後押しするためのガイドラインや構造です。つまり、自己組織化を達成する手段です。

従来の会社は、1人が所属するチームは1つで、1つの基本的な職務を担います。しかし、自己組織化する組織では、1人が複数のチームに所属することができます（ホラクラシーの用語では、複数の「チーム」に所属して、複数の「ロール（役割）」を担うと言います）。1人の人間が、組織で展開されるさまざまな取り組みに参加できるのです。

このたった1つの変化が、それだけでも革命に近い変化ですが、多くの斬新なアイデアを生み出し、組織のサイロ化の解消を促します。そして、社員が自ら新しいサークル*を作り、必要に応じて組織全体から人々を引き入れることもできます。

*　**サークル**
複数の役割（ロール）を果たすチームのこと。
ロールの組み合わせを新たに定義することで新しいサークルができる。

これらのサークルの「ボス」に当たる人を、「リードリンク」と呼びます。ただし、自己組織化には統合的な意思決定が必要なので、従来のボスとは違います。基本的に、ガバナンスを通じて企業構造に民主主義の概念を取り入れています。

すべてのサークルのリードリンクは、人員の変更やタスクの割り当てなど、本人が望む決断をほぼすべて下すことができます。「マネジャー」と同じだと思うかもしれませんが、そうではありません。すべての社員に発言権があって、「テンション」と呼ばれる運営上の問題点などを自由に指摘することができ、チェック・アンド・バランスを機能させながら対処します。

ホラクラシーの意思決定の仕組み

サークルにはリードリンクだけでなく、必要に応じてサークルとスーパーサークル（上位のレイヤー）の橋渡しをしてテンションの解決に当たる、「レップリンク」という役割もあります。レップリンクは投票によって指名され、サークル内で決めたタイムテーブルに沿って、短いサイクルで交代します。リードリンクは、予算や計画立案など典型的な管理責任をチームに委任することができ、本人はチームの一部として過ごす時間が増えます。

このようなガバナンスのシステムは、必要に応じて方針や規定を導入します。また、新しいロールの設定や削除、修正をし、サークルの目的を調整するための構造を自ら作ります。

従来型の組織では、マネジャーが「このとおり新しい方針を作ったから、全員が遵守すること」と言うだけです。しかし、自己組織型では、誰でも方針を提案できるプロセスがあり、その方針を実行する前に、ほかの視点や反対意見を統合するプロセスがあります。したがって、規定を作った責任者がいなくても変更が可能です。これがガバナンスの核心です。

例えば、あなたのサークルが小さな食料品店を経営しているとしましょう。バナナを買いたいという人が何人か来たら、サークルの誰かが「バナナを買う人のために新しいロールを作って、バナナを売ろう」と提案します。

この提案にほかの人が疑問を投げ掛けながら、検討を進めます。「これは私たちに悪い影響をもたらすか、後退させるのではないか?」「たしかに、あまり売れないと、コストがかかるかもしれない」「それは仮定の心配にすぎないのか? あるいは、売れなければ必ずコストがかかるのか? そうだとしても、具体的にどのくらいのコストになるのだろうか? 試しても安全な範囲だろうか?」。結論が「試しても安全な範囲」だという方向に傾いたら、バナナの提案は採用されます。

意思決定を速くする構造

このようなプロセスの目的は、物事を遅らせることではありません。意図せずに物事を遅らせるような方針を、実行しないようにすることです。行動に移す前に熟慮して、その方針に影響を受けるすべての人からのフィードバックを集めようというのです。

サークルのメンバーは誰でもテンションを指摘することができ、いつでも提案を出せるので、社員にはチームを、ひいては会社を、前進させるという真の自主性が与えられます。経営幹部が重要な決断を下し、それが上からゆっくり下りてくるのを待つのではなく、社内の誰もがいつでも改善や変化を起こすことができ、会社を絶えず進化させます。結局はそのほうが速いのです。

仕事の構造化については、サークル、ロール、アカウンタビリティの要素があり、これらはガバナンスのプロセスを経て決まります。すべての選別と決断を1人の人間に集中させずに、意思決定と構造化ができるようにするためです。ここには「タクティカル」と呼ばれる、2つ目のプロセスがあります。効率的でテンポの速いミーティングを開き、プロジェクトを通じてサークルが動き続け、物事が前に進んでいることを確認して、行き詰まらないようにします。

ただし、ほとんどの決定は、ガバナンスの鎖を上へとたどる必要はありません。サークルは独立して、自由にやりたいことができます。彼らにはより大きな力とコントロールが与えられていて、それが機敏さと、必要に応じて方向性を変える力を生みます。

自己組織化の大きな目標の一つは、規定のレイヤーをできるだけスリムに保つことです。ほかの組織では、日常業務以外のことをする際はほぼすべて、事前に許可を得なければならないでしょう。自己組織化の前提は、その反対です。特定の方針や制限がない限り、自分のサークルやロールにとって最善の利益になると思うことは、何でもできます。

基本的な決定は、ガバナンスのレイヤーを介しません。ガバナンスは、実際にはバックアップ態勢です。テンションが提起されたときのために待機しているようなものです。テンションが、トニーと経営トップの意思決定者が参加する「ゼネラルカンパニー・サークル（GCC）」まで届く場合もあります。

しかし全体として、ガバナンスは、予想される弊害に基づいて方針を決めることは、なるべく回避しようとします。ごく簡潔に言えば、ガバナンスは、何か問題が起きたときに規定を加えるために存在しているだけで、私たちはそのような問題を繰り返さないようにします。

しばらくは本当に大変でした

２０１３年に小さなテストグループで試行して、２０１４年1月、トニーは自己組織化の新しいシステムを全社で導入しました。正直なところ、最初はちょっとしたカオスでした。誰もが説明されたことをやろうとしたのですが、サークルやガバナンスにはたくさんのルールやプロセスがあって、とにかくわかりにくかったのです。すぐに理解できた人は、ほとんどいませんでした。

全社で一斉に始めるような厄介なことをしなくても、自己組織化の恩恵を享受できる、もっと簡単な方法はあると思います。しかし、結局のところ、ホラクラシーはプラットフォームにすぎません。真の自己組織化を目指すためには、そのプラットフォームの上に構築しなければならないものがたくさんあります。

振り子にたとえることもできるでしょう。従来のヒエラルキーでは、振り子は管理をする側に振れます。1人が1つのチームに所属して、やるべきことは明確ですが、自主性はあまりありません。私たちが自己組織化に踏み切ると、社員はすぐに、サークルを作ることや、新しいアイデアを中心にグループを作ることに興味を持つようになって、そこから素晴らしいイノベーションが生まれました。

ただし、ザッポスの理念やミッションにフィットしないサークルも生まれました。社員は、自分たちが正しいことをしていると思っていました。彼らがやっていることが、私たちのビジネスにとって意味のある方法でザッポスに価値をもたらしているかどうか、彼らに伝えるフィードバックの仕組みがなかったのです。

今考えると、振り子が管理から自由へと振れるのが早すぎました。私たちに対処できるより早すぎたのです。実際、私たちのコアビジネスの指標に影響が出始めました。特に、カスタマー・ロイヤルティ・チームは、顧客へのレスポンス時間が長くなりました。問題に気づいた私たちは、振り子を調整するために、社内のレビューシステムを立ち上げました。

しばらくは本当に大変でした。でも、そのすべては、ザッポスの進化と学習の旅の一部でした。

これほどの規模の会社で、このような試みをした例はありませんでした。これからもないでしょう。

長期的にどのような利益を会社にもたらすのかを理解していた人々にとっては、とてもエキサイティングな時期でした。

ザッポスが迎えた信じられない困難

アラン・ラジャン Arun Rajan
COO(最高業務執行責任者)
ザッポスの前は、いちばん長く働いた会社で3年だった。

大企業になったと感じて、ザッポスを辞めた

私は旅行予約サイトのトラベロシティが小さかった頃から働いて、大きくなったときに辞めました。

いくつかのスタートアップで働いたのは、そのダイナミックさが好きだからですが、同じ理由で辞めました。

ザッポスでは4年間、働きました。私の最長記録でした。そして最高技術責任者(CTO)だ

った2013年に、辞めようと決めました。私にとってザッポスはあまりに大きくなりすぎていると思ったからです。会社はサイロ化の段階を迎えていました。機敏性が失われ、世界で新しい道を切り開くという興奮が失われつつありました。

トニーは会社の規模が大きくなっても、スタートアップのような精神と、エネルギーと、成長の可能性を維持したいと思っていました。でも、私たちはそのレベルに到達していませんでした。到達できるかどうかを見届けるまで、ここに残りたいとは思いませんでした。自己組織化の話も出ていましたが、うまくいくとは思えなかった。だから心を決めたのです。

簡単なことではありません。感情的にもなりました。トニーとフレッドは友人でもあり、友情は私がザッポスを離れた後も続きました。週末に会って、自分がザッポスに感じていたことを話したりしました。

2009年に私が入社したとき、ザッポスはすでにスタートアップではありませんでした。それでも、規模の大きな企業が顧客と社員と地域社会を──同時に──大切にしながら、サイロ化から脱出して素晴らしい業績を上げることができる、という考え方に魅了されて入社を決めました。しかし2013年には、ダウンタウンへの移転もありましたが、典型的な大企業になったと感じるようになりました。

マーケティング、テクノロジー、マーチャンダイジングなどで官僚的なサイロ化が進み、ザッポスのこれまでのような成功と、成長と、サービスの提供を邪魔していると思ったのです。そして、翌年の予測がそれを裏付けていました。

再び、ザッポスへ

私はザッポスを辞めました。もっと小さな会社に移ったのですが、規模はザッポスの10分の1でも、同じ壁に直面していることがすぐにわかりました。そして、どこかでこの問題に取り組まなければならないのなら、自分が愛してやまない人々と文化のもとに戻って取り組みたいと思うようになりました。

トニーとフレッドにも自分の葛藤を打ち明けていました。そして、2014年に入り、「戻ってくればいいじゃないか」と言われました。

私はびっくりしました。

感情的には正しいことだと思いました。これほど人間性を大切にする会社を、私は知りません。ザッポスの外に出てみて、それがアメリカの企業にとっていかに重要なことなのか、思い知らされたのです。

論理的には、いつのまにか蔓延していたサイロや官僚主義を打ち壊して、目指す方向を変えるために、トニーとザッポスが自己組織化へと思い切った変革を進めていることも知っていました。ただ、ザッポスに戻ることに唯一ためらいを感じたのは、今戻れば、会社にとって困難な時期に直接、飛び込むことになるという現実でした。成長は停滞し、収益性も低下していました。結果として、私の感情的な論理が、あらゆる疑念に打ち勝ちました。

私たちに、乗り越えられるのか?

信じられないほどの困難が、この会社を待ち受けていることはわかっていました。一方で、この会社が何を目指しているのかも知っていました。そして、ザッポスの芯の部分は、私たちに不利益をもたらしかねない典型的な圧力よりも強いと信じていました。

スタートアップはどこも、同じことを目指す人々が集まっています。そこには目的があります。人々が一丸となって、同じ方向に向かってボートを漕いでいるのです。日々の仕事では気がつかないかもしれませんが、ザッポスの社員は誰もが、理由があってここに集まり、会社の価値観に錨(いかり)を下ろしていました。

これは企業としてユニークなことでしょう。ほかの多くの企業は、少なくとも私が知っている企業は、政治とアジェンダでできています。金儲けや大企業への売却などではなく、もっと大きな目的やコア・バリューのように、人々を束ねる柱がありません。

とはいえ、ザッポスはすでにたっぷり儲けていたうえに、大企業に買収されていました。

なぜ私は、ザッポスが再びスタートアップの感覚を取り戻せるはずだと信じたのでしょうか？

それは、変わらずみんなが同じ方向に向かって漕いでいたからです。スタートアップのように、利益のために同じ方向を向いているのではありません。もちろん利益は上げなければなりませんが、私たちは別の理由で集まっていました。すべての人が、コア・バリューを軸としたチームづくりに関与していたことも大きいと思います。

とはいえ、自己組織化に移行して、常に進化し続けるという新しい時代に突入した私たちは、穴から抜け出して、長く続く未来に向けて、新しい道を歩むことができるのでしょうか。

経営学が再発明されてから80年足らずです。

自己組織化の概念がうまく機能しなかったら、どうなるのでしょうか？

私たちがこれを乗り越えられなかったら、どうなるのでしょうか？

未知の領域、ティール組織

ジョン・バンチ John Bunch
組織体制　トニー・シェイCEOのアドバイザー
現在67歳。しょっちゅう頭をどこかにぶつけている。

誰もが予想していた以上に、わからないことがたくさんありました。

例えば、都市のように行動したいと考えたときに、都市には支配者はいませんがルールはあります。あれをしろ、これをしろと細かく指示する人はいませんが、物事が行われる枠組みやメカニズムがあります。許認可を出す役所や都市計画委員会はありますが、「このやり方は決まっている」「あなたはこのように働かなければならない」「これをしなければならない」と言う人はいません。

これをビジネスに応用するのはおもしろいですね。都市では、既存の枠にとらわれずに何かをしたいと思ったら、特例の許可を得るか、何らかの審査に合格しなければならないでしょう。しかし、新しい店を開きたいときは、必要な手続きと事務処理を済ませるだけです。誰かに止められることもありません。

私たちはそのように会社を運営しようと考えています。

ニューヨークの同じブロックに2軒のクリーニング店があれば、どちらも成功する可能性があります。1軒は昔ながらの溶剤を使用し、もう1軒は地球に優しい溶剤を使用しているかもしれません。それぞれに熱狂的な常連客がいて、何かと批判する人がいるでしょう。片方の店だけを忠実に利用する人もいれば、両方に行く人もいるでしょう。本当は店の違いなど気にしておらず、ワイシャツが早く仕上がってくれればいい、遠くまで歩きたくない、というだけかもしれません。その日に人が並んでいない店を選んでいるのかもしれません。

でも、両方の店が繁盛していて、どちらも自分たちのサービスを必要としている顧客にサービスを提供しているのなら、誰の「負け」でもありません。そして、隣り合う2軒のどちらにも活気があるなら、都市にとってもいいことです。

都市の責任は、電気や水道など、これらの店が仕事をするために必要なインフラを確実に整備することです。ザッポスでは、私が率いる「インフラストラクチャー」チームが、ここで働くすべての人がやるべきことをできるようにしています。

私の知る限り、ザッポスは、ホラクラシーを導入した企業として最大規模です。私たちはすぐに、このシステムには多くの空白部分があることに気づきました。私たちは一気に基礎を築き、オペレーティング・システムを構築しました。あるいは、一夜にして道路を敷いたとも言えるでしょう。すべてがスムーズに働くようにするには、電気や下水道システムのような、構築してつなぎ合わせるには何年もかかる、結合組織がいくつも足りない状態でした。

難しい挑戦です。組織を変革しながら、同時にその組織を運営しようというのです。新しい下水道システムが不可欠だとしても、その設置工事のためだけに市内を封鎖することはできません。しかし、100年、1000年と都市を存続させるためには、そのくらい思い切った工事も必要です。私たちは、都市のように運営する、レジリエンスのある組織を設立しなければなりません。

私たちはティール組織か？

自己組織化への移行は、最初の年からメディアの注目を集めました。私たちの規模の会社としては、かなり急進的な試みでした。でも、スタート地点にすぎませんでした。発表した直後から、私たちはもっと大きな目標を達成するためにはどうすればいいかを考えていました。それが、ティールです。

ホラクラシーはクールですが、枠組みです。オペレーティング・システムです。ティールは、ホラクラシーを入れる容器です。ホラクラシーより広い目的とビジョンを、私たちは目指しています。

常に進化しながら目指すゴールが、ティールです。

「ティール」の概念は、フレデリック・ラルーが著書『ティール組織』(邦訳・英治出版)で提唱しました。この本には「人間の意識の新たなステージに鼓舞される組織を創造するためのガイド」(A Guide to Creating Organizations Inspired by the Next Stage in the Human Consciousness) と、少々大げさなサブタイトルが付いていますが、それこそ私たちが常に目指している場所です。

ラルーは既存の組織モデルを色分けしています。より静的な組織は「オレンジ」や「グリーン」ですが、彼は新しい種類の組織が出現しつつあると推測し、そのスタイルを「ティール(青緑)」と呼びます。ちなみに、人間の悟りの新しい段階を指すニューエイジの用語と同じです。

ティールとは、自己組織化することであり、全体性であり、進化の目的でもあります。

私は講演でこのテーマを取り上げる際に、ティール組織が作られるまでの5つの基本的な変化について説明します。

1　利益のためだけではなく、目的のために考える
2　ヒエラルキーからネットワークへの移行を考える
3　支配からエンパワーメントへの移行
4　計画から実験への移行
5　プライバシーから透明性への移行

すべての社員が冒険家になりたいわけではないが

ホラクラシーは、これらの取り組みの役に立ちますが、すべてをカバーするわけではありません。ホラクラシーにはヒエラルキーが組み込まれているからです。

ホラクラシーの核となる独創的な構造は、それぞれのサークルに親サークルがあり、親サークルにもその親サークルがあって、その上にすべてのサークルを内包するゼネラルカンパニー・サークル（GCC）があります。

これはヒエラルキーの構造ですが、個人ではなく、サークルのヒエラルキーです。各サークルには、リードリンクと呼ばれる役割を任命された人がいて、意思決定権を持っていますが、分散型の限定的な権限として設計されています。ホラクラシーによってトップダウンの管理から脱却

しようとする一方で、ホラクラシーがトップダウンの構造を発展させるのです。

私たちが目指すのは、トニーができるだけ早く到達したいと思っているのは、この構造をフラット化して、各サークルがそれぞれマイクロビジネスとして機能する状態です。ザッポスは都市の行政府のような存在として、政策立案など、都市運営に必要なことをする。それを目指したいと私たちは考えました。それがどのような形になっても、コア・バリューがなくなることはありません。

すべての社員はその価値観に従って行動しなければなりません。その中で、できるだけ多くの自主性を社員に認めるためには、何が必要でしょうか。ヒエラルキーを排除して、それぞれのサークルが独立したマイクロビジネスとして行動できるようにするためには、どうすればいいのでしょうか。

私たちはすべての答えを持っていたわけではありません。すべてに答えられる人は誰もいませんでした。まったく新しい領域だったのです。ただし、未知の領域へと分け入ることを、すべての人に求めることはできません。すべての社員が冒険家になりたいわけではありません。ナタを握ってジャングルを切り開く覚悟があり、意志があって、その能力がある人ばかりではないのです。ザッポスは、特にホラクラシーに移行して最初の1年は、そんな雰囲気でした。

ティール・オファーの衝撃

マリッツァ・ルイス Maritza Lewis
エンゲージ・チーム
火の上を歩いたことが2回ある。もちろん熱かった……2回とも。☺

自己組織化には多くの抵抗がありました。

一部の人の予想をはるかに超える抵抗でした。私たちはかなり機敏な会社だと思われていました。ダウンタウンへの移転もやり遂げました。ここで長く働いている人たちはたくさんいますが、いくつか嵐を乗り越えてきました。いつもうまく切り抜けてきたのです。でも、今回は何かが違いました。企業経営について多くの人が知っていることを無視するような劇的な変化に、不意打ちを食らったと感じる人もいました。社内の抵抗は、ホラクラシーの導入から1年が過ぎても、あまり落ち着きませんでした。新しいガバナンスがどのように機能するかを誤解した人たちは、自分がやりたいことをやればいいだけなのに、ゼネラルカンパニー・サークル（GCC）からの回答を待って、身動きが取れなくなりました。「許可ではなく許しを請う」という典型的な例でしょう。多くのことが泥沼にはまり込んでいました。

そして、あるときの全社ミーティングでトニーがステージに立ち、新しい組織づくりが混乱を招いていることを認め、少し違う方向に踏み出す必要があると説明しました。そのとき「ティール」の概念に言及したのです。彼は熱心にティールを語りました――みんなが安心するだろうと思ったのでしょう。

しかし、そうはなりませんでした。安心とはほど遠く、それまで以上にパニックになった人さえいました。ザッポスから「マネジャー」が文字どおりいなくなると、マネジャーだった多くの人が憤慨しました。彼らは肩書きを失い、他人に対する権威を失いました。代わりに自主性を手に入れて、新しいチームを編成して自分の思うように監督する権限を得たのですが、彼らはその意味を理解していませんでした。素晴らしいことのはずなのに、突然、足元をすくわれたように感じている人もいました。不満が広がっていました。

ティールに関しては、すべての関係者が参加しなければ、けっしてうまくいきません。

そこで、トニーは全社員に宛ててメールを送信し、あるオファーを出しました。ザッポスの歴史の中で「ティール・オファー」として知られているものです。

基本的には新入社員研修の最後に出す「オファー」と同じで、自分がザッポスにフィットしないと思う人は、十分な金額を受け取ってザッポスを辞めていいという提案です。

トニーの「ティール・オファー」は、自己組織化とティールを目指す旅を続けたくないと思う人は、自分の好きな道を自由に選んで再出発できるという安心と余裕を手にしたうえで、退職できるというものでした。退職金は給料3カ月分か、勤続年数1年につき給料1カ月分の合計の、どちらか高い金額が支払われました。

これは、「私たちはこの旅を続けます、そのために全員の参加が必要なのです」という宣言でした。しかし同時に、共感から生まれた行動でもありました。これがとても大きな変化であることも、ついていけない社員がいるだろうことも理解しているという、リーダーシップの寛容さと配慮を示した社員へのサービスでした。

あまりに大胆でした。

ラスベガスのダウンタウン全体に、息をのむ音が響き渡ったに違いありません。

私は2008年11月に入社しました。アマゾンに買収される前でしたが、会社はかなり厳しい時期で、多くの人を解雇することになりました。ひどい1日でした。たまたま私の誕生日だったので、余計に苦しい思い出です。終業後、街のあちこちで、悲しすぎる乾杯の声が上がりました。

私は一生忘れないでしょう。当時CFOだったアルフレッド・リンは、カスタマー・ロイヤルティ・チームのフロアを隅々まで歩き回り、社員たちの様子を確認しました。人々は彼に悲しみをぶつけていました。

あのレイオフの痛みを軽んじるつもりはありません。大きな衝撃でした。しかし、ティール・オファーは、はるかに破壊的でした。

18%の仲間が去った。それでも続ける。

社員には、決断を下すまでの時間が与えられました。その時間は長すぎる別れの儀式となり、喪失感と涙の連続でした。今回のオファーについて初めて知ったときと同じくらい唐突に、私は親しい友人や同僚に呼び出されて、「オファーを受けることにした」と告げられました。「信じられない、10年もここで働いたのに」「そうね、でも、あれだけ退職金をもらえるなら、家族を連れて東海岸に帰れるから」

メキシコに移住して、小さなコメディクラブを始めた同僚もいます。私のトレーナーの一人で、当時入社12年目だった女性は、不動産関連の免許を取得したばかりで、「これはゴーサインよ。やらなくちゃ」と言いました。「ザッポスに恨みはないわ」

夢を追いかけようという人には十分なお金でした。そこはザッポスらしいですね。会社に残り

たくない人にとっては、破格のサービスでした。とてつもなく大きな機会でした。ただし、トニーが予想した以上に多くの人がオファーを受けました。全社員の18%を失ったのです。

18%！

退職時の調査では、ホラクラシーを理由に退職した人はわずか3%だった。さらに、1年後にザッポスに再び応募するオプションがあったので、勤続12年以上の人は1年間の有給休暇をもらったとも言えるだろう。メディアは社員の18%が退職したと報じたけれど、裏を返せば、82%が残ることを選んだと信じたい。

ほかのどこの会社でも、同じオファー（給料3カ月分か、勤続年数1年につき給料1カ月分の合計で、多いほうの金額を早期退職金とする）を提示すれば、残る社員は82%を下回るのではないだろうか。

ティール・オファーは、自己組織化を受け入れない人が潔く退職できるようにすることによって、私たちが前進するためのものでした。しかし実際には、シニアマネジャーなど、ザッポスでかなり長く働いてきた人たちも失うことになりました。彼らにとって、断るには魅力的すぎる条件でした。

ベテランの社員たちを見送りながら、打ちのめされました。家族を失ったように感じました。

しかも、彼らは自ら選択して、去っていったのです。

正直なところ、残った社員の多くは、自分たちの将来について、会社の将来について、深刻な疑問を抱いていたと思います。

ザッポスはどうやって生き延びるのでしょうか。

すべてがあまりに大きな混乱でした。

PART

3

Creating

私たちは自分を新しく創造する

10

EARLY ADAPTERS

社内起業の先駆者たち

新しいことを始める機会です！

クリスタ・フォーリー Christa Foley
ブランド・ビジョン、人材獲得、社外カルチャートレーニング 責任者
バーモントで生まれ育った。そう自己紹介する人は、ラスベガスには私を含めて3人しかいないはず。あとの2人は高校時代からの知り合いよ。

クリスタは、本人によると数字が苦手らしい。ちなみに、バーモントで生まれ育ったと言っている人を、私は3人以上、確実に知っているんだけど……。

何かを育てることは、難しいことです。

植物を剪定するときは忍耐と洞察力が必要です。元気そうに見えても、もっと強くなって伸びることを信じて、あえて枝先を切ります。そこには信頼が不可欠です。

植え替えのタイミングを見極める。翌年の春まで咲かない球根を秋に植える。枝が伸び始めるのは何年先になるかわからない木を植える。難しい！

本当に素晴らしい庭を育てるには、時間と労力、集中力、注意力、試行錯誤、ほかにもさまざまなことが必要です。新しいテクノロジーがいいのか？　それとも試行錯誤してきた方法を続ける？　水耕栽培は？　もう土は必要ないかも？　果物の味を変えるにはどうすればいいの？

トニーの温室のたとえを借りたつもりですが、話が少しずれてしまいました。要するに、庭を適切に手入れしていれば、すべてが成長するのです。ザッポスの土から芽を出そうとしていたのは、創造的思考と創造的努力の新しい時代でした。

ザッポスに残った人、ティール・オファーで欠員になったポストに採用された人、ティール・オファーを受けてから戻ってきた人（驚くほど多くの人が戻ってきました！）は、新しいことを始める機会を手に入れました。

新しいことに挑戦して、自分のアイデアを解き放ち、私たちが誰も見たことのないシステムに支えられて、そのアイデアを成長させるのです。私たちが作りあげようとしたシステムは、それまで存在していませんでした。

アイデアを社内でスモールビジネスに

レジーナ・レンダ Regina Renda
スワッグ・エンジニア
輪になって踊っていたら、投げ縄を掛けられたことがあるのよ。

まず、私がここで働くようになった経緯をお話ししましょう。


『ザッポス伝説』を読んだ私は、当時の上司に言いました。「会社を辞めます」

ロングアイランドの家族経営の薬局で働いていたのですが、上司は困惑した顔で私を見ました。

「これからどうするの?」

「すごい本を読んだんです。このザッポスという会社はベガスにあって、向こうには高校時代の友人が何人かいます。この会社の人はみんな、とても楽しそうなんです。私もここで働くつもりです」

「悪い冗談、だろう？　きみはこれまでで最高の従業員なのに！　頭がおかしくなったのか？」

彼は、本気で私がどうかしてしまったと思っていました。給料を上げるとも言われたけれど、私は断りました。そしてザッポスに応募して、1カ月後に採用が決まりました。

車のリアウインドウに「ザッポスか、さもなくば破滅だ！」と書いて、西に向かいました。道中ではずっと、ほかの車が挨拶のクラクションを鳴らし、私に向かって笑顔で親指を立てていました。

それが2012年のことです。ダウンタウンに移転する直前、自己組織化に移行する直前に入社しました。数年間カスタマー・ロイヤルティ・チームで働いた後、スティービーのチームに移って、従業員エンゲージメントやイベント、慈善活動などを担当しています。

最初は、販促品の購入と、（社員の活躍を称える）リワード&リコグニション・プログラムのチームを取りまとめていました。要するに、ペンやストラップ、ドリンク缶のカバー、Tシャツ、マグカップなど、イベントで配ったり、社員がクライアントやベンダーに贈るために社内で買ったりする、さまざまなスワッグ（プロモーション用のお土産や記念品）を購入していました。

そしてある日、ひらめいたのです。「販促品を購入するなら、メーカーから直接仕入れて中間業者を省けば、会社の経費を大幅に減らせるに違いない」

私たちはこういう会社だし、自己組織化を進めている最中だったので、誰にも相談はしませんでした。とにかくやってみたのです。

最初は表彰メダルでした。ロードレース用の特注のデザインや、キャンパスで子ども向けに開催するイベントで使うものです。当時は1枚20ドルほどでしたが、私はありえない値段だと思っていました。そこで、もっと良い条件で取引ができる人を見つけました。

次にはTシャツがずいぶん高いと思い、それまでの半額以下で作るという地元の人を見つけました。これでメダルとTシャツのベストな取引先がそろいました。社内でTシャツやメダルの注文を頼まれると、私は「バッチリの人がいるわよ！」と応じました。

続いて、ほかの製品を購入していたメーカーにも電話をかけました。「こんにちは、私はスワッグ・ソースという販促品の会社を経営しています」と適当な社名を名乗り、「おたくの製品の購入を検討しています」と言うと、彼らは喜んで卸値を提示しました。それまで何年も大手の流通会社に払っていた金額より、ずっと安かったんです。

私はさらに続けました。ザッポスの社員が使うさまざまな販促品をこの方法で仕入れて、社外で購入するよりはるかに安く販売しました。

自分で新しい仕事をつくり出せた！

ザッポスはかなりの量の販促品を使います。新しい方法を試した最初の3カ月、2016年10月〜12月に、私は会社の経費を10万ドル減らしました。10万ドルです。現金で。キャッシュで。

ワオ！

会社のコストを削減できたことはもちろんですが、私はさらに考えました。私が中間業者になって、こうした品々をほかの会社に売ればいいんじゃない？　販促品の業界は230億ドル以上の規模です。市場には私のような小さなプレイヤーが入り込む余地がありました。

そこで、私は行動に移しました。一緒に活動している慈善団体や学校などにも、従来よりかなり安い値段で販促品を販売することができました。

こうして会社のコストを削減するだけでなく、この新しい試みから利益が上がるようになりました。たいした金額ではありませんが。でも、ほかの非営利団体のコスト削減にもつながり、彼らもこの仕組みをとても喜んでいました。

しばらくしてスワッグ・ソースの話が広まり、私は販売の規模をさらに大きくしました。商品を購入したり倉庫に保管したりする必要がなく、とてもいいビジネスだと思います。私はあくまでも中間業者で、メーカーから私の顧客に直接出荷するので、間接的な経費はほとんどかかりません。新規事業を立ち上げるコストも、基本的にかかりませんでした。

私は経費削減のアイデアを、社内でスモールビジネスにしたのです。まもなく、お金の流れを管理する人や、私の仕事を手伝ってくれる人が必要になりました。

私はスワッグ・ソースにかなりの時間を費やしていたので、ついに上司に言われました。**「あなたのポジションに、ほかの人を配属してもらわないといけないな。そちらにかかりきりだ。スワッグ・ソースの運営があなたの新しい正式な仕事になる。いいね？」**

つまり、私は自分の仕事をつくり出したのです！

ブルックリンで気に入っていた仕事を辞めて、リスクを選んで、ザッポスでは1歩後退して未経験のレベルから始めました。その後はもう1歩下がってから、5歩前進しました。

自己組織化への移行とティール・オファーも、同じように考えることができるでしょう。私たちは1歩か2歩後退してから、5歩、前に進んだのです。少なくとも私はそう思いました。

ホラクラシーの中でまったく新しい仕事をつくる

ミゲル・ヘルナンデス Miguel Hernandez
アート・キュレーター、クリエイティブ
サンフランシスコ・ジャイアンツ、万歳！

子どもの頃から、絵を描いたり、色を塗ったりすることが好きでした。

19歳のときにロサンゼルスのカリフォルニア芸術大学に入って1学期ほど通ったけど、アートを体系的に学ぶことは、私には向いていませんでした。絵を描くのが好きなだけだったんです。だから中退しました。

ピザ店やサンドイッチ店など、ずっとサービス業で働いていました。ガールフレンドとラスベガスに引っ越した後は6年間、バーの店長をしていましたが、飽きてしまったんです。ほかの多くの人がザッポスを発見したときと同じように、私は燃え尽きて、自分には納得できない組織の構造にうんざりして、いつも怒っている上司や顧客をあしらうのに辟易していました。

実は、ガールフレンドが先にザッポスで働いていて、気に入ったから私にも応募するように勧めてくれました。私も採用されて、コールセンターで3、4年、働きました。とても楽しかった。ストレスがぐっと減って、一日中誰かを幸せにしている。素晴らしい仕事でした。

私たちは顧客にいつもカードを送ります。「パーソナル・エモーショナル・コネクション（個人的な気持ちのつながり）」を略してPECカード。「楽しいおしゃべりをありがとうございます。ご購入されたジャケットを気に入っていただけますように」など、ちょっとしたお礼などを書きます。

ただ、当時、用意されていたカードは、個人的に私の趣味ではありませんでした。そこで、風景や花など、思いついたものを水彩画で描いたカードを送るようになりました。

あるとき、会社が新しいカードのデザインを募集して、みんなから応募してと言われました。そして――優勝しました！　私のデザインがいくつか印刷されて、誰でも私のカードを顧客に送れるようになりました。この話がほかの部署にも広まって、チラシのデザインを手伝ってもらいたいとか、看板を描いてほしいと頼まれました。

私はいつも喜んで引き受けました。とにかく楽しかったんです。時間はかなり取られましたが、気になりませんでした。昼休みも趣味でチョークアートを描いて、かなり好評でした。

ラスベガスのダウンタウンに移ってからは、壁画を頼まれるようになりました。例えば、地下1階のコンクリートの壁一面を「不思議の国のアリス」の世界にしました。ジョン・レノンがテーマの会議室の壁には、彼の顔のスケッチと、夢についてのフレーズを描きました。特別な報酬はもらいませんでした。好きだからやっただけです。

ロサンゼルスで育った私は、アートが環境や文化に与える影響を知っていました。私はストリートアートが大好きです。壁画が近所を明るくするんです。色彩がとにかく好きで、大好きで、退屈なオフィスカラーには耐えられません。色は気分を高揚させ、学校で生徒の成績を向上させます。色は違いをもたらすのです。私は育ってきた環境からそれを知っていました。

仕事を全面的に変える提案を私がする？

そのうちに、ほかの部署から頼まれたアートの活動が増えすぎて、カスタマー・ロイヤルティ・チームでのパフォーマンスが悪くなりました。チームは私に、もっと規律に従わせようとしました。

幸い、ちょうど自己組織化に切り替えようとしていた時期だったので、私はホラクラシーの推進チームを訪ね、リードリンクのジョーダンに事情を話しました。そして、私の仕事を全面的に変えることを提案するように勧められました。みんなが私に求めているアートの仕事にフルタイムで取り組めるような、新しいポジションを自分でつくるのです。

「いいのかな?」と、私は言いました。

「自分で提案をまとめるんだ」と言って、ジョーダンは必要なプロセスを説明してくれました。巨大なパズルを組み立てるような話で、私はそんなことをしたことがありませんでした。

提案はガバナンス・ミーティングで承認されなければならず、その際に財源と費用対効果も検討されると、彼は言いました。このオフィスをより素敵な場所にしたり、顧客に送るカードを作り続けたり、そういったこと以上の「費用対効果」はよくわかりませんでした。

でも、私は全力でやっていました。自分の100パーセントを注ぎ込んでいたのです。「やってみよう!」と思いました。

私はアートの活動を中断して、コールセンターの仕事がないときに提案づくりに集中しました。8カ月かかりました。とても神経を使いました。頼まれて引き受けることに慣れていたので、自分のキャリアをつくるために何かを書いたことはありませんでした。自分が好きなことをやっていただけだから。この提案に多くのことがかかっていると思いました。

神経質になっていたのは、私だけではなかったと思います。全社ミーティングが開かれて、自己組織化をめぐるさまざまな緊張が浮き彫りになりました。自己組織化はどんなふうに機能するのか、そもそも機能するのだろうか、と。

そして、トニーがステージに上がって、「何も問題ない！」と言ったんです。「すべてがうまくいっている」と。「ガバナンスを経て、あらゆることをチェックして、それでも問題があれば私にメールで知らせてください。私たちは一丸となって取り組みます。障害をつくろうとしているのではなく、障害をすべて取り払おうとしているのです。だから、不安がらずに助けを求めてください」

ザッポスの社員アーティストになる

私はジョーダンと話をしました。彼は、いつでもガバナンスに提案を出せそうだが、私がやりたいと思っている仕事はどの部署にも、サークルにも当てはまりそうにないから、直接トニーに送るべきだと言いました。私はそのとおりにしました。するとジェイミーから連絡が来ました。彼女は私にいくつか質問をして、提案書を読んで返事をすると言いました。

数日後、高速道路を運転中にジェイミーから電話がかかってきました。

「おめでとう！　あなたはザッポスの新しいアーティストよ！」

「えっ？」

「トニーがあなたの提案を見て、あなたがここでやってきたことを知って、資金を提供しようと言ったのよ。『100％出資しよう』。以上」

私はあわてて車を停車させました。とてもハッピーでした。トニーに会ってお礼を言いたい、彼にも会社にも失望させるつもりはないと伝えたいと、ジェイミーに頼みました。

私はこの提案に大きな夢を込めていました。ザッポスだけでなく、ダウンタウンのコミュニティに、そして世界に、アートを広めたいと訴えたのです。会社はそのすべてを受け入れてくれました。私は本社のビルのあらゆる所でアートをしています。会議室に仮眠室。マイケル・ジョーダンやレナード・ニモイなど、アイコニックな人々の壁画を描いています。

スピリチュアルなことを言うつもりはないけれど、こうした絵の多くに、自分自身を重ねて描いています。「自分自身」というのは、エネルギーです。つまり、エネルギーの伝達です。何か良いことをしたいという、穏やかで落ち着いたエネルギーです。仕事は、真面目すぎてはいけません。真面目な部分もありますが、1日の終わりに、「あなたは自分らしくいていい」と、私の絵で伝えたいのです。

「あなたは大きな絵の一部です。誰かより優れている必要はありません。私たちは一緒に同じ夢を追いかけて、やるべきことをやって、大きなものの一部になろうとしているのです」と。うまく言えませんね。絵の解釈は、人それぞれでいいのです。ただ、私はそこに多くのものを注ぎ込

んでいて、それらが前向きな影響を与えてほしいと思っています。

ダウンタウンの私のアート作品は、広く歓迎されています。「私の日」ができたんですよ。信じられますか？　ラスベガスのキャロリン・グッドマン市長が、2016年5月16日を「ミゲル・ヘルナンデスの日」と正式に認定したのです。

正直なところ、自分にこんな仕事ができるなんて、想像もしていませんでした。考えたこともありません。両親がずっとそうしてきたように、自分も生涯ずっと普通の仕事をするのだと思っていました。

すべての会社で、社員が得意なことや好きなことを積極的に見つけて、会社が喜んで資金を提供するようになったら、どうなるでしょう。壁画家やアーティスト、工芸家、画家ばかりが働く会社もいいですね。看板、おもちゃ、アクセサリーなど、さまざまな作品を会社のために作って、経費を大幅に節約できます。彼らに任せればアウトソーシングをする必要もなくなり、社内で完結することが増えて、彼らの利益にもなるでしょう。

チョークペイントでメッセージを伝えるアーティストがいれば、チラシや広告の紙代も節約できるかもしれません。私には昔から大がかりなアイデアがたくさんあります。ザッポスがさらに変化を続けて、私も自分のアイデアをさらに洗練させれば、私がここに来る前に想像していたものを超える、大きなビジネスになるかもしれません。

すべてのザッポス社員は起業家になれます

クリス・ピーク Chris Peake
戦略イニシアティブ
大学では美術を専攻。ザッポスに出会う前は、小学校の美術教師になりたいと思っていた。

ミゲルやレジーナは先駆者だった

本人たちが意識していたかどうかはともかく、ミゲルやレジーナのような社員は、私たちの自己組織化への移行において「次の段階」を早くから実践していました。すなわち市場ベースのダイナミクス、つまりMBD*（マーケット・ベースト・ダイナミクス）への取り組みです。

彼らは自分たちが提供できるサービスのニーズに気がつきました。自分でアイデアを出して、そのための資金源を見つけ、実行したのです。彼らはそれぞれの方法で、とても大きな成功を収めています。職場で自分らしさを発揮することを許されたら、何ができるか。会社が社員のアイ

＊　MBD（マーケット・ベースト・ダイナミクス：Market Based Dynamics）
市場ベースのダイナミクス。社内外の顧客との取引を活用でき、収支的にも折り合う限り、サークルを自立した小さな会社のように見なす考え方。

デアに耳を傾け、その才能を認めたら、何が起きるか。社員が決められた枠を飛び越えることを許し、彼らにふさわしいサポートをしたときに、何が始まるか。その格好の例になっています。

　レジーナは会社を飛び出して、ザッポスで行った調査をもとに両親や銀行から融資を受けて、自分でスワッグ・ソースの事業を始めることもできたでしょう。しかし、彼女にその必要はありませんでした。ザッポスの中で、ビジネスを立ち上げるために必要なすべてのサポートがあったからです。彼女とザッポスの両方に利益をもたらす方法で、しかも外部の顧客、特に慈善団体や学校に、格安でグッズを販売することができました。

　ミゲルも同じです。ザッポスのキャンパスで彼の作品を見た人々が、ラスベガスのダウンタウンの名所になるような壁画を彼に依頼しました。物事は彼にとって良いほうに動き始め、この会社を辞め独立しても、アート制作だけで間違いなく食べていけたでしょう。健康保険など個人事業主の負担となる費用には苦労するかもしれませんが、それでも彼は成功していたと思います。彼には才能があります。

　でも、私たちの新しいモデルでは、彼は独立する必要がなかったのです。彼はこの会社で、自分が好きなことをするために必要なサポートを得ました。仕事も福利厚生も手放さずに。私たちもその恩恵を受けています。そして、実は、これは始まりにすぎないのです。

自己組織化や、私たちのＭＢＤが目指すのは、社員の自主的な成長が常に可能な会社です。こ

の会社のすべての個人に、大胆なアイデアを追求して、才能を発揮し、ビジネスを立ち上げ、あるいはザッポスの中で新しいチームをつくって、私たちが考えたこともないようなアイデアを追いかける、そんな自由を与えたいと思っています。

即座に受け入れられる変化だとは思っていません

人々の考え方を大きく変えたり、新しいツールやプロセスを導入したりするような変化には、先陣を切って受け入れる人が必要です。「いいね！　みんなでやろう。やってみよう。方法を見つけよう。インフラの構築に協力しよう。私たちはザッポスのことを真剣に考えているからこそ、ザッポスの未来のために、自分たちの未来のために、今すぐに自分たちの手で新しい仕事をつくりたい。私たちの未来を信じているから」

一方で、ＭＢＤのような新しい取り組みについて聞かされて、拒否反応を示す人もいます。大多数の人がそうかもしれません。「嫌だ。私のことは放っておいてほしい。私は私の仕事をするだけだ。ＭＢＤとかいう話は聞きたくない。ティールの話を聞いた。ホラクラシーの話も聞いた。ダウンタウンに引っ越した。これ以上、私たちに何を求めるつもりだ？」

彼らに「ＭＢＤは自分のためにある！　新しいビジネスのアイデアも思いついた！」と言わせ

るためには、実際に成功した例が必要になるでしょう。

それでいいのです。私たちも、すべての人が即座に受け入れて実践することは望んでいないし、その必要もありません。社員の誰もが、根っからの起業家やアーティストではありません。それでも、今後5年間で数百万ドル規模、10億ドル規模のアイデアが出てくるのを見れば、彼らも引き込まれるでしょう。

結局のところ、私たち全員がトニー・シェイである必要はありません。ただ、すべての社員に、自由にアイデアを出していいんだと思ってほしいのです。カスタマー・サービスを向上させるための具体的なアイデアもあれば、私たちがやっていることの理由や方法をあらためて考えることもできます。

「このウィジェットは5年前からあるけれど、顧客にとって価値があるのだろうか?」と考えて、答えが「ノー」なら、さらに踏み込んで、「もう人気がないし、誰も使おうとしない。何かほかのものを作ったほうがいい」と考えてほしいのです。

すべての人が顧客です

起業家精神とは、10億ドルを生むようなアイデアを考えることだけではありません。空白を埋

めることを考えるのです。顧客へのサービスについて、人にサービスを提供することについて考えるのです。顧客はオフィスの中にもいます。あなたの隣にいるかもしれません。

すべての人が顧客です！　では、私たちは誰に対して、より良いサービスを提供することができるでしょうか。その視点からアプローチすれば、埋める必要のある穴が見つかり、人々が必要としているものが見つかるでしょう。これは、私たちが企業として常にやってきたことと同じです。私たちがコア・バリューと目的に駆り立てられて、目指してきたことと同じです。つまり、サービスのレベルを引き上げることにほかなりません。

「起業家になるためには、とてつもないアイデアを山ほど持っていなければならない」と思いがちですが、実際には、1つのアイデアを突き詰めて行動することに尽きます。アイデアが100万個あっても、自分の頭の中にあるだけで共有せず、何も行動を起こさなければ、何も起こらないということを忘れないでください。

私たちは、社員がその1つのアイデアを表明して、実現に向けて踏み出すためのサポートをしたいと考えています。

「何でもやろう」はあまりにもカオス

もちろん、ある程度のリスクを取ることになります。しかし、何もしないこともリスクになるのです。現状維持で漠然とeコマース事業を続けていれば、いずれ行き詰まるでしょう。eコマースは確実に変わります。

3Dプリントが速く、安くなって、数年後には自宅で自分だけの靴や服を作れるようになり、アメリカの靴店や洋服店はすべて廃業に追い込まれるかもしれません。100年後には、自然に戻りたくて靴を履かなくなるかもしれません。先のことはわからないのです！

行動を起こさないことも、1つの行動です。そして私たちは、何が起きても、積極的に行動することを目指します。

多くの点で、ザッポスもほかの会社と同じです。問題も抱えています。問題は行動を起こさなければ解決できません。ただし、私たちはときどき、振り子を左や右に大きく振りすぎてしまう傾向があります。中間点をうまく見つけて、これらの大胆なアイデアを次々に成功させていきたいと思っています。

ティールについて社員と共有した「情熱を持てることを何でもやろう」というメッセージは、

まさに好例でした。より広い背景や適切な制約なしに、誰もがやりたいことをやればいい、という考え方では機能しません。あまりにもカオスです。人々をばらばらの方向に引っ張る要素が多すぎます。ルールや制約が何もないまま、自由にやらせれば会社のために正しいことをやるだろうと期待するのは無理があります。人間は常に正しいことをするわけではないのです。

したがって、すべてのことがどのように展開していくのか、いくつかガイドレールを敷く必要があります。

ザッポス社内に「市場」経済ができる?

例えば、私たちはMBDを通じて自己組織化を達成しようとしています。今後はザッポスで働く全員に、自分のサークルの損益のバランスを取るように求めていきます。

難しいのは、マーケティング部門やカスタマー・サービス、あるいは具体的に何かを販売してはいないサークルの損益計算です。そこで、社内に「市場」経済をつくります。基本的に、サークルは予算を立てて、ほかのサークルの製品やサービス——印刷、デザインに要する時間、何らかの協力など——が必要になれば、それらを「購入」して「支払い」をします。

あるサークルのサービスが社内のどのサークルにも売れそうになければ、そのサービスの予算

は毎年自動的に与えられるべきではなく、会社にとってより価値のある別のサービスを創出して提供するべきでしょう。

ただし、うまくいかないサークルのメンバーを解雇することはしません。彼らと一緒に考えて、より多くの助けを必要としているほかのサークルと再編成したり、合流させたりします。もっとも、ザッポスの社内ビジネスの大半は、自由市場経済のように、つまり社外と同じように行動できる体制になっています。

もちろん、境界線や制約は必要です。私たちはこの数年をかけて、試行錯誤と過去から学んだ教訓をもとに、そうした制約を決めてきました。

「私たちには10個のコア・バリューがあり、アマゾンに約束した利益目標を達成しなければならない。あとは好きにやってみよう！」と言えれば簡単でしょう。理想的な世界では、人々はやるべきことをやって、それらの行動が協調して会社を前進させるでしょう。

しかし、現実には異端児がいるものです。制約がなければ、仮眠室に寝泊まりする人や、キャンパスでアルパカを育てたいという人が出てきます。したがって、ラスベガスのダウンタウンに移転したときと同じように、適切なコミュニケーションが必要になります。社員が、ザッポスが達成しようとしていることと確実に同調するためのコミュニケーションです。

ここから先が自己組織化の素晴らしいところです。サークルの予算が決まり、それぞれが自分たちの損益の責任を持てば、すべてのサークルは、誰かのアイデアに投資して実行する自由が認められます。

例えば、レジーナがスワッグ・ソースのビジネスを、さらに拡大しようと考えているとします（わかりやすい例というだけで、すべて架空の話です）。販促品のときと同じ方法で、オフィス用品を調達して非営利団体に格安で販売したいのですが、彼女が所属するスティービーのチームは、そのアイデアに資金を提供したくありません。その場合、レジーナはザッポスのすべてのサークルやチームに自分のアイデアを売り込んで、「出資者」を探すことができます。

どんな新しいビジネスも「ワオ！」でなきゃ

このようにして、小さなスタートアップやベンチャー・キャピタルが集まる「社内市場」が生まれる可能性もあります。

ザッポスの誰もが起業家になることができ、すべてのチームが手を挙げて、彼らのアイデアに協力して利益を得ることができます。そこに競争が生まれます。リスクも生まれます。試行錯誤が行われます。社内のさまざまな部署やサークルの間でコミュニケーションが活発になり、予算編成や議論が行われて、サイロ化のあらゆる可能性が排除されます。

精力的なスタートアップが次々に立ち上がり、今この瞬間には想像もできないようなかたちで、ザッポスの成長を、誰も止められないような成長を、手助けしてくれるのではないかと期待しています。

さらに、このすべてのプロセスが２００％の責任を伴います。各サークルが自分の損益計算に責任を持ち、すべてのサークル（あるいはチーム）が共同で、ザッポスがアマゾンと約束した利益目標と成長目標を達成し続けることに責任を持つ、という意味です。

とはいえ、ザッポスのコア・バリューと私たちの文化、常にサービスを最優先する私たちのやり方は、すべて完全に残っています。私たちのやっていることが最高のサービスと体験を提供できなければ、おかしいですよね。

したがって、ありふれた販促品ビジネスを始めるわけにはいきません。ザッポスの名にふさわしいサービスを提供しなければならないのです。もっと大きなことを考えて、例えばザッポスのケーブル会社を設立するなら（あくまでもたとえ話です）、競合するケーブル会社をカスタマー・サービスで必ず圧倒しなければなりません。

新しいビジネスのアイデアの大小は関係ありません。社内専用のフードデリバリーで1回数ドルの利益を上げることも、ザッポス航空やザッポス・ホテルを開業することも、同じように私たちのコア・バリューが、特に最初に掲げている「サービスを通して『ワオ！』を届ける」ことが、すべての基本であり続けなければなりません。

その基本が新しいビジネスを成功に導くことは、私たちの誰もが知っているとおりです。

11

THE EVOLUTION REVOLUTION

進化のための革命

自己組織化への「責任のトライアングル」

レイチェル・マーチ Rachel Murch
戦略イニシアティブ
アメリカのすべての州名をアルファベット順に言えます。お酒を飲んでいても間違えません。すごいでしょう? ☺

私にとって、自己組織化への移行は自然の進化のようなものでした。

多くの人が心底驚いていたけれど、私は特に新しいアイデアとは思いませんでした。かなり前に植え付けられていたアイデアの、次のステップにすぎなかったのです。

トニーは常に、誰よりも10年先を行っています。このビジョンも、私たちが知るよりずっと前から持っていました。私たちがザッポスで導入してきたことはすべて、彼のビジョンを実現するための一部です。

2011年の初めに、私はトニーから「Zフロッグズ」というプログラムの立ち上げを手伝ってほしいと頼まれて、彼と一緒に仕事をするようになりました。彼がザッポスと出会う前に、ベンチャー・フロッグズというベンチャー・キャピタル（VC）の共同創業者だったことから生まれたプログラムでした。

1996年に、私はハーバード大学のルームメイトのサンジェイと、リンクスエクスチェンジというオンライン広告会社を共同設立した。2年半後、社員100人ほどに成長した会社を、2億6500万ドルでマイクロソフトに売却。この売却で得た資金の一部を使い、1999年にベンチャー・フロッグズを共同設立した（私たちはエンジェル・ファンドを自称していた）。このファンドでインターネット企業に27件の投資を行い、そのうちの1つが（後の）ザッポスで、私の最初の立場は投資家兼アドバイザーだった。

さらに1年間、投資ファンドのマネジャーを続けたけれど、自分にとって投資は退屈だと気がつき、日々何かをつくり上げることに携わりたいと思うようになった。ベンチャー・フロッグズで行った投資の中で、ザッポスが最も有望であり、最も楽しかったから、2000年にザッポスにフルタイムで加わることにしたんだよ。

Zフロッグズの目的は、良いアイデアはどこからでも出てくるという信念の下、トニーがベンチャー・フロッグズのモデルから学んだ成功事例をザッポスに導入することでした。社内にVCを設立し、彼と3人の役員が審査員となって、会社を前進させるためのアイデアや、新しい革新的なものを、社員が提案できるようにしました。イノベーションの文化をつくり、ザッポスの未来に貢献する機会を人々に与えるためです。

もちろん、「ザッポスは航空会社になれる」「ザッポスはスワッグを売ることができる」「ザッポスは何にでもなれる」といったビジョンをトニーが描いていたわけではありませんが、そのような未来の創出につながるアプローチでした。

2010年に『ザッポス伝説』を出版したとき、3カ月半のブック・ツアーで全米を回って（バスで！）、いつかザッポス航空やザッポス・ホテルが誕生するかもしれないと講演で話したことがある。最高のカスタマー・サービスと顧客体験を提供すること、それがすべてだから。

「責任のトライアングル」というコミュニケーション手段

このプログラムは、自分のアイデアを売り込んで資金を得る機会や、まったく新しい仕事を創出する機会を社員に与えるために、トニーがまいた数多くの種の一つです。私たちがここ数年やってきたことは、20年以上続いているザッポスの進化の一部にすぎません。ザッポスは、たまたま「○#×」（○#×は何でもいい）を売っているカスタマー・サービスの会社なのです。

ホラクラシーも、ティール・オファーも、進化の一部です。このビジョンに本気でコミットする意志がある人々を、会社につなぎとめるために必要なことでした。

そして、私たちはさらに、次の主要なプロジェクトに移行しようとしていました。市場ベースのダイナミクス（MBD）です。2017年に導入されたMBDは、ザッポスの中でチームがマイクロビジネスのように行動できるという考え方で、より自己組織化された企業に進化するための次のステップです。

「自己組織化を進めること」と「チームをあたかもマイクロビジネスかのように運営するため」の基盤となるのは、事業の財務マネジメントの機会をつくり、それに責任を持たせることです。自己組織化された市場ベースの環境で、そのための予算を処理する仕組みを再定義する必要があり、2018年後半に「顧客がつくる予算編成（CGB*：Consumer - Generated Budgeting）」を導入しました。

こんな感じかな？

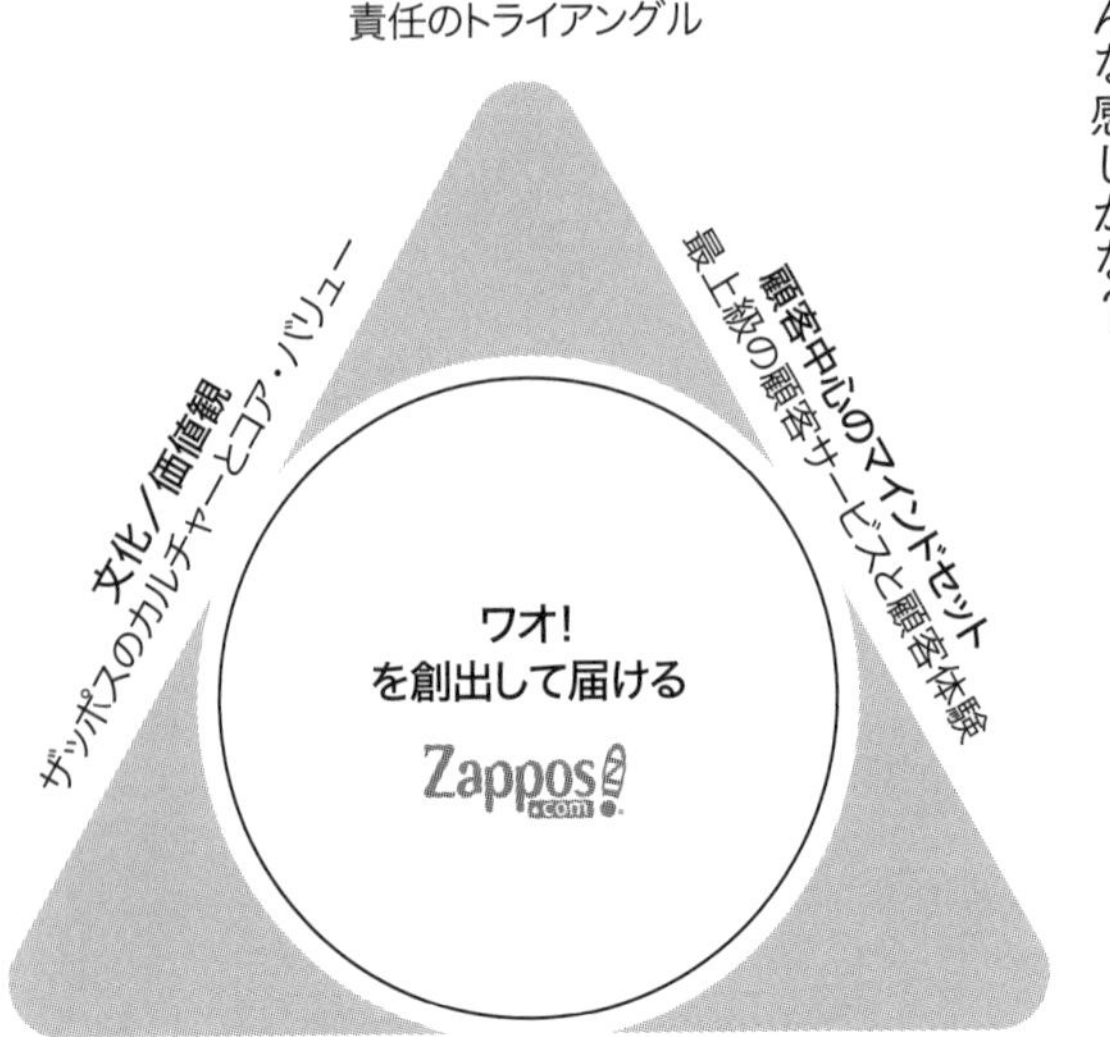

* 顧客がつくる予算編成（CGB：Consumer - Generated Budgeting）
トップダウンなど階層型ではなく、社内外の顧客とのやりとりによるネットワーク型の予算の仕組み。

これによって、ザッポスはネットワーク経済の構築を支援し、チームは社内外の顧客のニーズに迅速に対応できるようになりました。また、（トップダウンの予算編成に比べて）フィードバック・ループが強化されて、予測不可能な市場環境にも、より柔軟に対応できるようになりました。さらに、新しいアイデアやイノベーションのための資金を、顧客や組織内のチームから調達することもできます。

私は社員とのコミュニケーションに多くの時間を費やし、自分たちが会社に付加している価値に対する考え方を変える手助けをしています。そのためには、イノベーションや創造性などさまざまな新しい考え方が必要ですが、それだけではありません。財政的に責任を持つことも重要です。自分の決断は会社のためになると確信しながら、とびきりクールなことをしたい。それを可能にする方法を、私たちは模索しています。

そのためのコミュニケーションを手助けするために、新たに「責任のトライアングル」という概念を導入しました。このトライアングルをつくった目的の一つは、最大限の自由と責任を実現するために、最小限の制約を設けることです。

三角形の3本の線内にある限り――会社の文化とコア・バリューに沿っていること、最上級の顧客サービスと顧客体験を提供すること、損益のバランスが取れていること――サークルやチームはやりたいことを追求できます。

ザッポスを去った人たちもその価値を感じてくれる

簡単なことではありません。私たちが採用した社員たちには、会社がどこを目指しても適応して団結する力があると信じていますが、このようなイニシアティブの導入には努力が必要です。特に、この新しいモデルは、私たちが実践しながら発明しているものです。誰もやったことがありません。

ザッポスの進化の一部として見れば、本当にエキサイティングなことです。すべてのピースがぴたりとはまって、すべてがサービス第一のポリシーに帰結するのです。私たちが目指すのは、顧客とクライアントと株主に、社員に、素晴らしいサービスを提供することです。そして、社員は自分たちの運命と自分たちが目指している未来について、より強い発言権を持つことになるでしょう。

私たちが行っていることはすべて、私たちのコア・バリューを拡大した延長線上にあります。ティール・オファーを受けた人の中にも、この会社を辞めてすぐに、その価値に気がついた人もいるでしょう。だからこそ、何人かは戻ってきました。

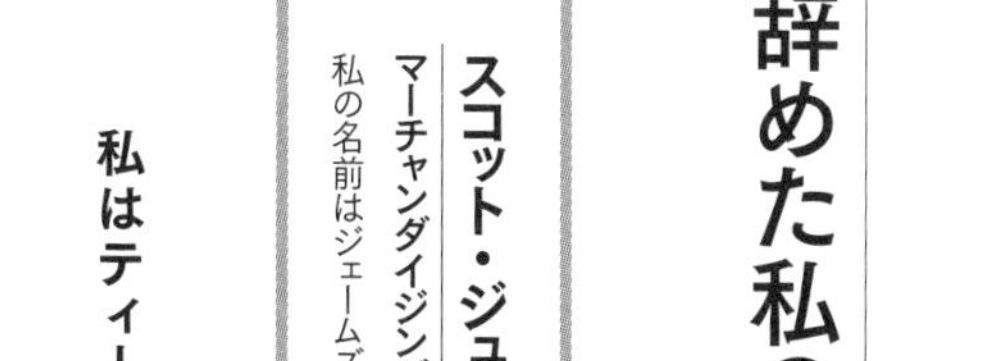

ザッポスを辞めて戻ってきた社員のことを「ズーメラン」と呼んでいるんだよね（ブーメランじゃないよ）。

辞めた私のことをみんなが思ってくれている！

スコット・ジュリアン Scott Julian
マーチャンダイジング

私の名前はジェームズ・スコット・ジュリアン。ファーストネームが3つとも言えるし、ラストネームが3つとも言える。

私はティール・オファーを受けました。

変化が必要だと、自分を納得させました。

ちょうど同じ頃に別の会社から声がかかって、ザッポスよりかなり高い報酬を提示されました。かなりの金額でした。あまりに完璧なタイミングじゃないか、これほどの条件を断れるはずがない。そう思いました。ザッポスでは長く働いていて、こんなふうに考えたのです——世の中に出て、ほかの場所でも、自分が優秀だと証明しなければならない。私はティール・オファー（と、新しい会社のオファー）を受けて、ザッポスを辞めました。

自分が間違いを犯したと思った最初の徴候は、シアトルに着いたときに雨が降っていたことです。ラスベガスの乾燥した気候がすっかり気に入っていたけれど、シアトルは正反対でした。

さらに、ラスベガスには友人がいましたが、シアトルには知り合いがいませんでした。つまり、最初の瞬間から、何かがおかしかったのです。天候と友人関係は、私の幸せの中核となる2つの要素であり、2倍の給料と引き換えにはできませんでした。十分なお金を稼ぐことと、もっとお金が必要だと思うことには、大きな違いがあります。十分に稼いでいると思えることのほうが、はるかに重要なときもあります。

そして、新しい会社は文化が違うことにも、すぐに気がつきました。あらゆることが、より会社的でした。毎朝9時にミーティングがありました。毎朝です。どうして？　毎朝3分間、全員が1つの部屋に集まる……何をするのだろう？

何もしません。質問をしたくても、別の機会を待たなければなりません。別のミーティングが開かれるときを。私には意味がわかりませんでした。私だけでなくすべての人にとって、何の意味もなく、何の成果もない、無駄な時間でした。1日の始まりの儀式でした。

私が入社してから2、3カ月の間に、さらに3、4人のエグゼクティブが採用されました。ザッポスはいつも、エグゼクティブの採用にはたっぷり時間をかけていました。私たちは文化の構築を常に重視していたから、時間をかけて、ふさわしい人材を慎重に選ぶのです。しかし、この会社は、適切な経歴の持ち主かどうかさえ考慮していませんでした。

ザッポスなら、靴を仕入れるポストに採用する人は、靴の仕入れに関連する何らかの経験があるでしょう。しかしこの会社は、おそらく多くの会社と同じように、フカヒレを売っていたエグゼクティブを、「優秀そうなビジネスマン」に見えるというだけで採用していました。

私は新しい会社で何をしているのだろう？

新しい仕事を始めて半年ほど経った頃、ニューヨークの市場でザッポス時代の同僚のアイリーンとばったり会いました。新しい会社はどんな感じかと聞かれて、私は「うーん……同じではないね」と答えました。私は自分が幸せではないと気づいていました。

転職して半年からは、オフィスの外でも一緒に過ごしたいと思う人はいませんでした。ザッポスが勤務終了後のハッピーアワーのために1週間に投資する金額は、この会社が年1回の社員旅行に使う金額と同じくらいでした。そういう職場で誰かと絆を深めようとする人は、まずいないでしょう。

さらに、CEOはとても高価で派手な車に乗っていました。スーパーカーのような車でした。それだけで私は神経を逆なでされました。ザッポスには手本となる人がいます。トニーはマツダかアキュラの中古車に乗って、Tシャツで出勤していました（この原稿を書いている時点で、トニーは車を持っていません。ダウンタウンへの移転を祝うイベントで、くじの景品に出し、当選した社員にプレゼントしたのです。その後、オフィスから1キロほど離れた所にあるエアストリーム・パークに引っ越して、歩いて通勤できるようになりました）。

何もかも、あまりに違いました。結局その会社は辞めましたが、次の会社も同じでした。

ザッポスを辞めてから1年半後に、私はバイクでひどい交通事故にあいました。携帯電話を手に、ながら運転の人がいたんです（運転中のメールは絶対にやめましょう）。私は大ケガをしました。

3週間後にようやく、身の回りのことができるようになりました。退院して自宅療養になり、1日後か2日後に、自宅の前にUPSのトラックが止まりました。玄関のベルが鳴って、男性の配達員がザッポスの巨大な箱を抱えていました。私は会社を辞めてから何も注文していませんでした。罪悪感もあったのでしょう。だから、その箱に何が入っているのか、見当もつきませんでした。

箱を開けて、目を疑いました。信じられませんでした。今も思い出すだけで涙があふれてきます。1年半以上も前に辞めた私のために、同じフロアで働いていた全員が集まって、私の好きなものを詰めてくれたのです。私の好きなお酒など、私のためだけに考えてくれたものばかりでした。みんなが私のことを思ってくれていると、伝わってきました。

公平のために言うと、そのとき働いていた会社からもお見舞いが届きました。（ソーセージやチーズ、おかしなど）ヒッコリー・ファームズのグルメの詰め合わせです。ヒッコリー・ファームズが嫌いな人はいないですよね？　でも、そこに人間的な温かみはありませんでした。

その会社には、個人的な行為というものが、いっさいありませんでした。でも、かつてザッポスで一緒に働いた人たちは、私が辞めてからずいぶん経っていたにもかかわらず、思いやりのこもった個人的なことをしてくれました。私にとって、とても大きなことでした。転機になりました。友人も家族も、自分の幸せもラスベガスに置いてきて、私はここで何をしているのだろう？そう思わずにいられませんでした。

そして、私は戻ってきました。ありがたいことに、彼らは私を連れ戻してくれたのです。手を広げて私を迎え入れてくれました。二度とここを離れるつもりはありません。ここは、人としてふさわしい扱いをしてくれる場所です。すべての人に対して。当たり前のことを当たり前に。それは2倍の給料より大切なことです。間違いありません。

試行錯誤、失敗、そして前進する

ジョー・グルスマン Joe Grusman
eコマース・マーケティング
私は機械に強い法律家です。

20%の成功が、80%の失敗を上回る

スコットのほかにも多くの元社員がティール・オファーを受けた後に戻ってきて、私たちが彼らを歓迎したことは、ザッポスの文化について雄弁に語っています。彼らにとって、オファーを受けることはリスクを取ることでした。大きな変化であり、実験でもありました。実験が失敗に

終わった人もいて、彼らはそこから学びました。

自分たちがザッポスで得られたものが、ほかの場所で手に入ると思っていたものより優れていて、より魅力的で、自分たちのニーズや生活に合っていることを理解したのです。素晴らしい教訓です。貴重な教訓です。実験を経てその結論にたどり着いたからこそです。最初からリスクを取らなかった場合よりも、理想的な道のりです。

試行錯誤を重ねて実験することは、ザッポスにとって、すべてのティール組織にとって、重要なことです。レジリエンスのある職場を構築するために、きわめて重要な要素です。

私たちは人々に間違えてほしいと思っています。失敗してほしいのです！

ホラクラシーのフレームワークにはさまざまなサークルがあって、その大半が3～4人で構成され、より大きなグループを包含する親サークルがあります。このフレームワークのおかげで、小規模なスタートアップを経営するように、小さなサークルがそれぞれ意思決定を行い、適応することができます。これは素晴らしい仕組みです。

私はマーケティングを率いる立場として、チームにこう伝えています。「私がセーフティネットになる。あなた方は前に進んで、チャンスに挑戦しなければならない。失敗してもいい。ただし、前向きの失敗でなければならない」

失敗にこだわってほしくはありません。うまくいかないアイデアに時間を費やして、自分たちがやろうとしていることの重要な部分を見失ってはいけません。一方で、実験はどんどんやってほしい。つまり、厳しい結果を恐れずに前に進み、失敗してほしいのです。

前に進んで失敗する。それが私たちの基本的な精神です。

これはスタートアップの精神でもあります。実験的なマインドです。全体の80％が失敗しても、心配する必要はありません。うまくいった20％の価値が、うまくいかなかった80％を上回るからです。

これが私たちのアプローチであり、うまく機能しています。

一晩で7万5000ドルの売上げがなくなった！

少し前に、手作業で検索アルゴリズムを構築しようとしたことがあります。人間の頭脳で既存のモデルを打ち負かそうと、挑戦したのです。これはグーグルとビングで管理していた検索広告キャンペーンの一環でした。ビングは今や忘れられた存在ですが、当時は検索の約20％を占めていました。

しかし、このアルゴリズムに取り組んでいた人々が、誤って有料検索の結果表示を一時停止してしまいました。翌日、私たちは驚きました。「この数字はいったいどうなっているんだ？　何がどうなっている?」。調べてみると、一時的にザッポスが、検索結果に表示されなくなっていたのです。

一晩で約7万5000ドルの売上げが飛んだことになります。よその会社なら、責任を取って誰かが解雇されたかもしれません。でも、ザッポスはこんなふうに考えます。「解雇する必要はない。1つめの理由は、同じ間違いは二度と犯さないだろうから。2つめの理由は、7万5000ドルで学んだ教訓があるから」

会社のカネを7万5000ドルも使って教訓を学ばせたばかりなのに、その人をほかの会社に行かせたら、教訓の意味がありません。さらに、同じようなことが二度と起こらないようにするためには、新しいシステムを導入する必要があることがわかりました。

そして、どうなったか? 二度と同じミスは起きていません。つまり、その「失敗」は、私たち全員に価値をもたらしたのです。

その失敗をした社員は昇進して力強いリーダーとなり、あらゆるかたちで、私たちが期待した以上の価値を会社にもたらしています。

前向きの失敗をして、現在の成功に満足することなく、失敗を成長と学習の機会と捉える。それが、さまざまな場面で私たちの原動力になっています。

何もわからなかったホラクラシーを実践できたのは文化があったから

ジェイミー・ノートン Jamie Naughton
チーフ・スタッフ（顧問、主任アドバイザー、首席補佐官）
私はクリスタ・フォーリーより2週間早く採用されました。この10年間、あれこれと楽しい方法で、私が先輩なのよと念押ししています。最近、「私は従業員70号、彼女は75号」という事実を発見しました。

間違いは起きます。

自己組織化の文脈における間違いかもしれないし、市場ベースのダイナミクス（MBD）に関する間違いかもしれません。学習、成長、人間性、新しい分野の開拓に集中している職場での間違いもあるでしょう。いずれにせよ、間違いはチャンスです。

ザッポスの中でも不名誉な間違いの話をしましょう。あるとき、プログラムのコードが1つ間違っていたために、ザッポスで最も売れているブランドの一つが、最も商品が売れる時期であるクリスマスシーズンの直前に、セール価格で表示されたことがありました。

　このブランドのすべてのアイテムが、大幅に値下げされたのです。1時間もしないうちに、みんながおかしいと気づきました。社内全体にざわめきが広がり、技術チームが間違いを発見して修正しました。1時間ほどで元に戻ったはずですが、クリスマスシーズンを待ち構えていた顧客は次々にクリックしていました。

　会社の損害は100万ドル近くに達しました。1時間で。

　もちろん、このような事態に備えて、私たちの法的責任を免除する条項があります。ほとんどのeコマースサイトや、チラシにセール価格を印刷するスーパーマーケットでも、エラーや「誤植」について会社は責任を負わないという利用規約があって、そのような間違いが発生したときは、顧客に実際の価格を請求する権利があります（その条項が適用された場合、顧客には注文をキャンセルする権利があります）。

　ただし、契約上はそのとおりですが、私たちはサービス業です。このミスを顧客に転嫁して、「申し訳ありませんでした。お支払いになった金額はプログラムミスで表示されたものです。後日、正規の金額を請求いたします」というメールを一人ひとりに送信しますか？

　できません！　絶対に！

間違いを犯すことを許そう！

セール価格に気がついた人々は、ありえないお買得チャンスを手にしたのです。彼らにとっては宝くじが当たったようなもので、友人にも自慢したに違いありません。そして私たちは――誰もクビにならずに、大きな教訓を学びました。

限界を超えようとして、ミスをするときもあります。自然と間違いが起きるときもあるでしょう。このときはたしかに大きな間違いで、コストも高くつきましたが、会社にとっては、その間違いから学び、それを記録して、同じ間違いを二度と起こさない方法を見つける機会になりました。

私たちの間違いは、技術的なものやプログラムだけではありません。創業当初は売上げを伸ばしたいがために、多くの失敗をしました。メジャーリーグの野球場でホームベース付近に広告を1回出すだけで3万ドル近く払ったのに、その広告から得た顧客は1人だったことがあります。1人です！　その人が私たちのサイトで買い物をしたとき、私たちは「やった！　3万ドルのお客さんだ！」と盛り上がったものです。

間違いは誰にでもあります。それでいいのです。人間は間違いを犯して学び、間違いを犯して前進するのです。私たちは自己組織化を受け入れるのと同じように、これまで以上に間違いを受け入れています。

自己組織化のシステムを展開する際も、誰もが認めるとおり、私たちはさまざまな間違いを犯しました。それでも導入しました。失敗に対する不安が、私たちを止めることはありません。これがザッポスの最大の長所の一つであり、最も難しいところの一つです。私たちは変化を恐れません。常に変化を追い求めています。

また、自己組織化については、私たちが理解していないこともたくさんありました。そこで、いくつか安全装置を置こうと考えました。誰でも自分の間違いに対して賢くありたいし、自分のミスで会社を倒産させたくはありません。

間違いを犯すことを許すということは、多くの企業が想像するよりも迅速に学び、変化して、物事を達成できるということです。これこそが、レジリエンスと、企業が長生きするための最大のカギの一つです。

アマゾンによる買収も、私たちにとっては、長期的な視点を維持するための戦略的な行動でした。多くの投資家と仕事をしていると、短期的な話ばかりになりますが、私たちはアマゾンが長期的な視点を持った企業であると知っていました。最近は経営幹部との会合で、「この新しいことをやってみるので、6年後に確認してください。うまくいくかもしれないし、いかないかもしれませんが、5、6年はわからないでしょう」と売り込みやすくなりました。アマゾンは「おもしろそうだ!」と言ってくれます。

私たちの成長の物語

私たちは小さな会社ではありませんが、アマゾンに比べればちっぽけです。私たちは限界を押し広げる柔軟性が高く、サービス第一という条件にかなう限り、私たちがやっていることはアマゾンにとっても価値があります。彼らは実際に、私たちの成功だけでなく、私たちの失敗からも学びたいと思っています。

この本の前半で話したことの多くは、顧客サービスの核となる考え方です。商品を購入する人だけでなく、社員や取引先も含めた「顧客」について考えることは、私たちが社内で行っていることにも当てはまります。

ビジネスはすべての人をウィン-ウィンにすることができ、ザッポスで起きることをすべての人に優れたサービスを届けることにつなげるという考え方は、私たちが行っている先見性のある組織マネジメントとすべてが結び付いているのです。

この10年間の物語の一部は、少なくとも私がザッポスと歩んできた日々は、私たちの成長の物語です。今でも私たちはみんな友人で、一緒に遊んだり、仕事の後にハッピーアワーの乾杯をしたりしていますが、ザッポスはハッピーアワーだけの会社ではありません。仮眠室やビリヤードコーナー、音楽室など、巷で話題になりやすい「福利厚生」だけではありません。それらはすべて、私たちが創出しようとしているものの副産物にすぎません。

私たちは何よりも、人々が頭角を現せるような環境、仕事に来たくなる環境、ブランドと自分の業績を誇りに思える環境をつくり、人々を幸せにするために、努力しているのです。

仮眠室（アニマルプラネットのリアリティ番組の出演者が設計した「昼寝カプセル」が人気です。マッサージチェアに横たわると、カラフルで巨大な水槽に頭を突っ込んだみたいですよ）や、社内でのハッピーアワー（その一部はキャンパス内にできた新しいバーに引き継がれています）は今でも注目されていますが、本当に重要なのは文化です。

そういった場の雰囲気や個性に、文化は表れています。この10年、私たちは人間らしさを大切にしてきました。楽しいことをするだけでなく、福利厚生が損なわれないように守って、子育てや自宅の購入など、私たちが働く目的をすべて実現できるようにしてきました。社内にビリヤード場や仮眠室を作ることもその一つです。最高に素敵な仮眠室ですよ。

14年間同じ所で働き続けて、自分の仕事に満足できるかどうかは、職場の人間らしさが大きなカギとなります。新しいことを創造したいと思い、アイデアや新しい管理体制を導入する際の変化や浮き沈みを乗り越えようと思えるかどうかは、職場の文化が大きな役割を果たすのです。

トニーだって、何も知らなかったのだから

私たちの会社は、社員が仕事で幸せを感じ、長く組織の一員でいたいと思えるためには何が必要かを、理解しようと努めています。仕事だけでなく、子どもや家族を持ち、人生のさまざまな局面で幸せを感じること。それはとても大切です。

多くの企業は善意で社員に接していて、わざと社員を不当に扱ったり、辞めたくなるように追い込んだりはしませんが、日々の仕事に個人的な意図を持ち込ませないという方針を採っています。コールセンターの担当者と5分も話をすれば、会社にどのくらい縛られているのか、どのように私を助けてくれそうか、わかってしまいます。

彼らは顧客に親切に接するように言われているのに、電話を切るなり上司から怒鳴られているに違いありません。そこに誠実さはありません。一人の人間として扱われない従業員は、会社に長く尽くそうとは思いません。

ありえませんよね。

私たちがすべての解決策を持っていると言うつもりも、私たちのやり方が唯一の方法だと言う

つもりもありません。

そこは強調させてください。私たちは前に進みながら、少しずつ理解しているだけです。

事実、私たちが自己組織化を目指す道のりは、山あり谷ありですから。しかし、はるか昔、トニーが初めて社員にコア・バリューを説明しようとしたとき、彼はこう言いました。「自分たちが何をしているのか、わからないような気がするときがあるかもしれません。それは本当のことです。私たちにはわからないのです。でも、インターネットのシューズショップのつくり方を誰も知らないのだとわかれば、安心できます」

何かを変えてそれが機能しなかったとき、どうしますか？

自律的な社員とともに自己組織化した会社をつくっていくことについては、いまだに同じように感じます。「自分たちがいったい何をしているのか、よくわからない。でも、大きな会社を自己組織化して、顧客がつくる予算編成（CGB）を創出する方法を、ほかの誰も知らないのだから！」

顧客がつくる予算編成（CGB）は、この業界ではとても新しい概念です。基本的には、従来のヒエラルキー型の予算編成プロセスの官僚主義を排除して、市場ベースのダイナミクス（MB

D）を機能させるための手法です。各部署（あるいはチーム、サークル）が上層部から年間予算をもらい、組織図の上方にいる人が1年単位で予算を管理するというトップダウン型のシステムではなく、各サークルが自分たちの予算を管理します。私たちは、これらの予算を透明化して、アクセスしやすい、まったく新しいシステムを作りました。

自己組織化を推進する動きの大半は、不要な官僚主義を排除するという、1つの目的に集約されます。この移行はビジネス界で大いに注目を集めましたが、今では誰かに「あのホラクラシーを導入した会社ですね」と言われても、「2014年にそんなことがあった」としか思いません。

ホラクラシーは私たちの仕事の一部になりました。フレームワークです。ジョン・バンチも言ったように、プラットフォームにすぎません。私たちにとって、特に新しいことでもなくなりました。毎週金曜日にスタッフミーティングをする会社があるように、ザッポスでもときどきホラクラシーのミーティングを開きます。でも、私たちはホラクラシーについて話し合うのではなく、ホラクラシーを実践しているのです。

当初は厄介で、難しく、誰も、何も、理解していませんでした。今では私たち全員が、チームが必要とする形で、自己組織化を機能させるようになりました。

目的は、物事を複雑にすることではありません。単純にすることです。私たちは常に、不要な官僚主義を排除しようとしています。

うれしいことに、何かを変えてそれが機能しなかった場合、私たちは元に戻すことも、さらに変えることも恐れません。自分たちの間違いを正すために必要なことは何でもします。そこに傲慢さはありません。メンツを保つために、あるいは誰かがそう言ったからというだけで、悪い計画に固執することもありません。

試行錯誤。実験。そして前に進み続けます。

完全に自己組織化できない仕事もあった

自己組織化が私たちのために機能しなければ、それ以上は追求しないでしょう。たしかに、自己組織化への移行は騒々しくて、厄介で、多くの痛みを伴いました。1歩下がって、臨機応変に再調整しなければならない部分もありました。しかし、全体として、とてもうまくいっています。会社としての私たちに合わせなければならない部分は調整して、フィットさせました。

例えば、完全に自己組織化されたシステムは、コールセンターでは機能しませんでした。理由は人間の本質にあります。

週末に働きたいとは思わない人も多く、自分のスケジュールに合わせてシフトを選びたいものです。一方で、会社としては、何があっても24時間３６５日、電話に出る人が必要です。そこで確実なシフトを組むために、カスタマー・ロイヤルティ・チームだけは、従来のヒエラルキー型の管理体制に少し戻らざるをえませんでした。

毎週土曜日の夜に、コールセンターを空にすることはできません。それは私たちの顧客のためにも、会社のためにもなりません。それでも、カスタマー・ロイヤルティ・チームのサークルに、自分たちでシフトを管理することを認めました。そこが肝心だったのです。彼らは黙って上からの命令に従うのではなく、一緒に解決策を探りました。

正直なところ、あまり自己組織化が進んでいないチームもあれば、自己組織化をしないと成り立たないチームもあります。スタッフミーティングは、年1回で足りる部署もあれば、毎日必要な部署もあります。ザッポスではすべてのチームが、それぞれ自分たちに合った方法を考えています。

これは人間レベルで大きな違いを生みます。恨みや怒りを覚える機会が大きく減って、意思決定が困難な場合でも、自分たちが主導権を取る機会が増えて、自分たちの意思決定に誇りを持つようになります。

ちなみに、ウィキペディアは「自己組織化」を次のように定義している。

自己組織化とは、最初は無秩序なシステムの一部の局所的な相互作用から、何らかの形の全体的な秩序が生じるプロセスのこと。（社会科学では）自生的秩序とも言う。十分なエネルギーが利用できる状況では、外部の物質によるコントロールを必要とせず、自然発生的に起きることもある。ポジティブなフィードバックによって増幅された、ランダムな変動によって引き起こされる場合が多い。結果として生じる組織は完全に分散化され、システムのすべての構成要素に及ぶ。そのため組織は基本的に堅固で、かなり大きな摂動にも耐えうるか、自己修復できる。カオス理論では、混沌とした予測不可能の海における予測可能の島という観点から、自己組織化を議論する。

自己組織化は、さまざまな物理的、化学的、生物学的、ロボット的、認知的なシステムにおいて起きる。例として、結晶化、流体の熱対流、化学振動、動物の群れ、神経回路、人工神経ネットワークなどがある。

自己組織化は、物理学の非平衡プロセスや化学反応に関しては、自己集合と定義されることも多い。生物学において分子レベルから生態系レベルまで、有用な概念であることが証明されている。自己組織化の行動の例は、自然科学および経済学や人類学など社会科学の両方で、ほかの多くの規律に関する文献で引用されている。セルオートマトンなどの数学モデルでも、自己組織化が観察されている。自己組織化

＊ **Wikipedia contributors, “Self-organization,”**
Wikipedia, The Free Encyclopedia, https://en.wikipedia.org/w/index.php?title=Self-organization&oldid=895249589 (accessed May 20, 2019).

は創発に関連する概念でもある。

自己組織化は4つの基本的な要素に依存する。①強い動的な非線形性。ポジティブおよびネガティブなフィードバックを含むことが多いが、必ずしもそれらを含むわけではない。②探索と活用のバランス。③多数の相互作用。④エネルギーが入手・利用できること（エントロピーや無秩序に向かう自然の傾向を克服するため）。

退屈な人もいるかもしれないが、私は読んでいて楽しくなる。☺

あらゆる種類の扉が開いています

上役や直属の上司との関係が良くないという理由で、会社を辞める人は少なくありません。会社にフィットしている人が、何百人、何千人といる組織の中で、たった1人とそりが合わないという理由で、うんざりして辞めてしまうかもしれません。これは従来のヒエラルキー型組織の大きな欠陥です。

「ザッポスから上司がいなくなる！」という見出しがメディアで飛び交って、混乱した時期がありました。社員もそう思い込んでいたようです。でも、上司の役割を完全に排除するつもりはありませんでした。1人の上司があれこれ指示をする権限を、制限しようと考えたのです。社員にもっと自主性を持たせたかったのです。

それぞれの部署やサークルの中では、予算やリソースの管理などをする人が必要です。ところが、「上司がいなくなる！　すごい！」と思っていたのが、「そうではなくて、『リードリンク』が上司の役割をする」と言われて、引き戻されてしまいました。このリードというロール（役割）が、「上司だけれど、これまでの上司ではない」のです。

リードリンクとの関係は、人それぞれです。リードリンクの中には、現場に出て、やや細かく指示を出す人もいれば、ほとんど干渉しない人もいます。そして、干渉しない主義のリードリンクとうまくやっていける社員もいれば、そうではない社員もいます。

新しいシステムでは、社員は自分がフィットする場所とフィットしない場所を見極める余地が増えて、彼らが働き続けられるような解決策を見つけることも、できるようになりました。従来のシステムなら、唯一の「出口」は会社を辞めることだったかもしれません。

ミゲルやジョニーに起きたことを、私に起きたことを、考えてみてください。**私たちは新しいポジションに移るために、まったく新しいポジションをつくり出すために、あらゆる種類の扉を**

開いています。常に扉を開いています。そうすることによって、敏捷に動き続けることができ、ザッポスは多くのスタートアップが一つ屋根の下に集まっているかのように感じることができるのです。

これが会社にとっても素晴らしいことなのだから、ますます楽しみになります。

自分のスタッフが成長する背中を押すことができるのは、何よりもうれしいものです。

自分が他人からしてもらいたいと思うように、他人にしなさい

最近、私はあるチームのミーティングで、コールセンターの話をしました。ふと部屋を見回すと、そこにいた全員が、ザッポスで電話応対の仕事から始めた人たちでした。全員がつながっていました。彼らはもうコールセンターでは働いていませんが、自分たちの共通の経験であることを、暗黙のうちに感じていました。彼らはそれぞれ、社員として、一人の人間として、自分の情熱を探求し、進化させる機会を手にしたのです。

ザッポスのエグゼクティブ・アシスタントは、全員がコールセンターの出身です。そして彼ら全員が、成長して変化する能力を身につけ、本当の自分と最高の自分を発揮しながら、この会社でなりたい自分になることができています。その能力は、私たちが会社として前に進み、官僚主

義を排除すればするほど、さらに伸びるでしょう。

これらの議論は、私たちが経験している変化とイノベーションはどういうものなのか、どのような困難を伴うのか、というところに集約されるでしょう。本当の自分をすべて仕事に注ぎ込むこと。それが私たちの文化の目標です。

社員一人ひとりについて、コア・バリューをいかに体現しているかを評価するつもりはありません。私たちが掲げるコア・バリューは、すべての人のためにあるわけではないのですから。

私が外部でザッポスを紹介するスピーチをするようになった頃、ある女性が立ち上がって、皮肉たっぷりに言いました。「とても素晴らしいお話ですね。私は病院で働いています。部下の看護師に奇妙な帽子をかぶらせて、死にそうな人のところに行かせることはできません」

私は「そんなことはしなくていいですよ」と言いました。「看護師に変な帽子をかぶらせないでください。そんなことをする必要はありません。それは私たちの仕事です。私たちはときどき変な帽子をかぶってオフィスを練り歩きますが、あなた方は死にかけている人に声をかけることが仕事なのだから、変な帽子をかぶらないでいいのです。自分の環境に合ったやり方を考えてください」

ホスピスの看護は健全な職場環境を維持する余裕がない、という意味ではありません。実際、私たちの仕事よりはるかにストレスが多く、感情的にも負担の大きい仕事ですから、健全な職場環境の整備がより重要になるでしょう。

ただ、彼らもサービスを提供する仕事です。その中核となるのは、人々をできるだけ快適に、できるだけ幸せにすることです。やるべきことをやることです。相手のニーズを考えて、可能なら相手のニーズ以上のことをすることです。

そのすべては、黄金律に行き着きます。「自分が他人からしてもらいたいと思うように、他人にしなさい」

すべての答えは数千年前に出ていたのです。

私たちがするすべてにおいて、最高のサービスを提供すること。それが黄金律です。

社員がありのままの自分で仕事に臨み、能力を最大限に発揮して、人間として成長できるようにすること。私たちは黄金律を実践しているのです。

12

THE FUTURE, NOW

未来はこれから

サポートと、思いやりと、レジリエンスが組み込まれている

アラン・ラジャン Arun Rajan
COO（最高業務執行責任者）
長女に車の運転を教えた。娘は相当自信があったけど、ようやく4回目の挑戦で合格できた。運転手が悪いのか、教官が悪いのか？

涙のプレゼンテーション

ザッポスに復帰してから3年後の2017年10月、私は全社ミーティングで、私たちが歩んできた素晴らしい旅について話しました。

ホラクラシーに錨（いかり）を下ろし、ティール・オファーの影響に対応して、私たちくらいの規模の企業が挑戦したことのない自己組織化への道を進みながら、常に進化している間も、私たちは驚く

べきことを成し遂げました。3年連続で収益性を向上させたのです。

その3年前に私が会社に戻った頃は、創業以来最低の財務状況でした。

私たちのような規模の企業の多くは、そうした状況から立ち直ろうとする際に、外部からの介入が必要です。組織がサイロ化して職務が硬直化した大半の企業が、拡大成長路線にこだわっていることを考えると、内部からの再建が成功する例は多くないでしょう。

では、なぜ私たちはできたのでしょうか。どのようにして、すべてを一度にやり遂げることができたのでしょうか。

私の反省と観察によれば、私たちのＤＮＡと文化の奥深くに、何かがあるのです。

全社員に非公式な調査を行ったところ、私の感情的な推測は圧倒的な賛同を得ました。

あの苦難の3年間、会社も、さまざまなロール（役割）を担うすべての社員も、「変化を受け入れ、変化を推進する」ことに懸命に取り組みました。

ビジネスの古いやり方では行き詰まるおそれがあり、しかし途中で終わらせたくないと思っていた私たちは、一丸となって「成長と学びを追求する」ことを恐れませんでした。そして、おそらく最も重要なのは、そのような状況でも私たちが「ワオ！」を提供したことです。顧客や社員、地域社会への思いやりを忘れませんでした。

私たちが進む方向に納得できない社員がいても、彼らが悔いを残さずに退職して自分の情熱と興味あることを追いかけられるようなオファーを提示しました。そうしなければならなかったのではなく、彼らにサービスを提供したのです。それが私たちです。そして、数年後に戻ってきた人々を、思いやりを込めて歓迎しました。

会社存続の危機にまで追い詰められたときも、私たちの核となるコア・バリューは最も重要でした。私たちのレジリエンスは、私たちの原動力であるサービスにありました。

私たちは仕事を超えたことに取り組んでいる

一方で、私のスピーチは感情的にならざるをえませんでした。その2週間ほど前、ラスベガス・ストリップで開催されたルート91ハーベスト音楽祭に集まっていた観衆に向けてマンダレイ・ベイ・リゾート・アンド・カジノの32階の客室から男が銃弾を浴びせるという事件が起きたばかりでした。私たちのオフィスから数キロしか離れていません。友人や家族が音楽祭の会場にいたという社員もたくさんいました。亡くなった人が知り合いだという社員もいました。誰もが衝撃を受けました。私たちが暮らして働いている場所のすぐそばで、恐ろしい出来事が起きたのです。

その日は仕事に関するプレゼンテーションが中心でしたが、私はザッポス・ファミリーにこう語りかけました。

「絶え間なく変化していたあの時期は、自信を失って不安になることばかりで、自分のコンフォート・ゾーンから遠く押し出されても、それでも私が踏みとどまったのは、ザッポスの基盤に信じられないほどのサポートと、思いやりと、レジリエンスが組み込まれているからです。自分たちがどん底にあっても、顧客と社員、そして地域社会に注ぎ続ける思いやりは、まさに私がその一部になりたいと思う会社です」

涙のミーティングになりました。

私たちがここでやっていることは仕事を超えたものであることを、目に見える形で直感的に理解してもらえました。

私たちの仕事に重要な意味を与えること。

私たちの仕事に目的を与えること。

個人として、グループとして、会社として、私たちの時間を使い、私たちのやり方で、私たちらしく、地元の悲劇を受け止めました。その経験を全員が生涯、誇りに思うでしょう。

暗黒から抜け出した私たちは、会社が日に日に強くなり、レジリエンスを高めていることを実感していました。将来どんな予期せぬ出来事が起きても、変わらず存続できるように、私たちは進化していたのです。

地域社会のために、顧客のために、社員同士のために、私たちはこれからもずっと、私たちであり続けることができるはずです。

自己組織化のシステムを編み出す

トニー・シェイ Tony Hsieh
CEO
好きなことは、キャンプファイヤー、火遊び、グループメッセージ、友人と泊りがけのバス旅行に行くこと。

前回と同じようにこのセクションも、私のインタビューをもとにマークがゴーストライティングしている。内容は正確で、私の視点で書かれているが、厳密には私が話していない表現もあるけどね。

最大限の自由と最大限の責任を与えよ

自己組織化は、人間の組織に関して言えば、進化の観点から自然界で証明された唯一の組織形態です。本質的に自己組織化されたシステムである都市と同じように、自己組織化に移行することの利点には、イノベーションと生産性とレジリエンスが高まり、時の試練に耐えられることが挙げられます。

会社が離陸してから20年が経過した今、私たちは真の自己組織化を順調に目指していると言えるでしょう。一方で、私たちと同じような規模の会社が自己組織化を達成できないことや、挑戦さえしないことには、理由があると断言できます。その理由とは、自己組織化への道が非直感的で、とにかく厳しいからです！

私たちは２０１３年に小規模なテストプログラムを行い、２０１４年にホラクラシーを本格的に導入しました。したがって、私たちが自己組織化の次のレベルにつながるだろうと期待するステップに進むまでに、６年近くかかったことになります。そのステップとは、顧客がつくる予算編成（ＣＧＢ）のシステムを通じて、市場ベースのダイナミクス（ＭＢＤ）を実践することです。私たちはようやくその一歩を踏み出しました。

市場ベースのダイナミクス（MBD）と、その要素の一つでもある顧客がつくる予算編成（CGB）への移行を、どうしてそこまで重視するのか。その理由を社内外で聞かれます。この移行にあたり、私たちは自己組織化のきわめて複雑な問題を考えなければなりませんでした。すなわち、各サークルの社員に最大限の自由と最大限の責任を与えるために必要な最小限の制約は、いくつまで絞り込めるかということです。

もしうまくいかないとしたら

2018年第4四半期に私たちがたどり着いた答えは「3つ」です。

1つ目の制約は、私たちの基盤であるコア・バリューと文化に忠実であり続けることです。社内の各サークルは、何をするにせよ、コア・バリューや文化と一致していて、それらの構築を助けるようなものでなければなりません。

2つ目の制約は、私たちのブランド、つまり顧客サービスと顧客体験です。すべてのサークルは、ザッポスのブランドにフィットするサービスや体験を重視しなければなりません。

3つ目の制約は、それぞれのサークルは基本的にミニ・スタートアップと見なされるため、損益のバランスを取る必要があることです。

この3つの制約で描いた三角形を、「責任のトライアングル」と名づけました（266ページ参照）。社員をはじめ私たちの取り組みに関心がある人に説明する際は、「この三角形の中では、やりたいことは何でもできる。ただし、これらの制約の中で動かなければならない」ことを強調しています。

一部の人に馬鹿げた実験だと思われていることは承知しています。でも、そうではありません。これは綿密にコントロールされた実験であり、現実世界と平行して進んでいる実験なのです。繁栄している都市と同じように振る舞う自己組織化したシステムを構築できれば、生産性が向上し、イノベーションが育ち、時の試練に耐えうるレジリエンスが高まるでしょう。

ただし、最後に大きな疑問が残っています――このシステムは、収益性も実現できるのでしょうか。

先に述べた3つの責任を実行しているなら、論理的には収益性も成立するはずです。社員が1人もいない会社でない限り、3つの責任が必要ないことはありえず、収益性を追求しない組織もありえないでしょう。

うまくいかないとしたら、考えられる理由は、3つの制約に従っていないサークルがあることです。損益のバランスが取れていないサークルや、周りを邪魔しながら自分の収益を最大化しようとするサークルは、いずれ消滅するでしょう。健全な都市なら、倒産する企業があれば、必然的に新しい企業が台頭します。同じように自己組織化のシステムでは、いつでも新しいサークルを形成できます。

未検証なのは1つだけ

2006年に導入した私たちのコア・バリューは、今や当たり前のものになりました。ここで働くすべての人が守らなければならない責任です。サービスの提供に関しても責任がありますが、こちらはコア・バリューより前から実践しています。唯一の「新しい」制約は、それぞれのサークルが直接的な方法で財務に責任を持つことです。そのために、社内の誰もがこれらの責任を当たり前に行えるようなシステムを、私たちは導入しています。

「責任のトライアングル」の定義には時間がかかりました。比較的「新しい」概念ですが、三角形の3辺のそれぞれが、時の試練に耐えられると思っています。多くのデータが示すとおり、ほかのあらゆる条件が同じ場合、最も強い文化を持つ企業は、強い文化を持たない企業より長期的に業績で上回ります。つまり、5~10年先の収益にとって何が最善かという文脈で考えるなら、文化を大切にしないことが有益だという根拠はないでしょう。

「文化」の短期的な投資利益率を算出することは難しいのですが、長期的なインパクトについては多くの研究があります。文化に時間を投資することに、多くの企業が現実的な抵抗を感じるのは、次の四半期か、せいぜい翌年のことしか考えていないからです。ＣＥＯの平均的な在職期間は3年半ほど。彼らが最大限のパフォーマンスを追求するのは、その3年半の間だけです。

責任のトライアングルのうち、顧客サービスの持続性は、ザッポスの歴史が証明しているとおりです。ザッポスの体験を楽しんでいる顧客について、1人当たりの測定できる長期的な投資利益率は高いのです。何か問題が生じて私たちがサポートした顧客は、特に高くなります。ＣＯＯのアランが言ったように、そのような顧客グループがもたらす価値は、長い時間をかけて2～5倍に増えます。

したがって、責任のトライアングルのうち「未検証」なのは、顧客がつくる予算編成（ＣＧＢ）だけです。これは、私たちの組織の中で市場ベースのダイナミクス（ＭＢＤ）が自由に機能するためのフレームワークであり、実際に機能している市場の例はたくさんあります。

そして、市場はイノベーションを創出します。これについてはエリック・Ｄ・バインホッカーの著書『The Origin of Wealth（富の起源）』（未邦訳）がおすすめです。

バインホッカーの本を簡単に要約すると、大多数の企業の未来は、何もしなければ「死」があるのみです。企業は、いずれ死にます。一方で、市場は進化して、イノベーションを創出し、レジリエンスがあります。私が思うに、組織の内部で市場ベースのダイナミクス（ＭＢＤ）の力を解放すれば、失敗してシステムが衰退して死ぬ可能性は、旧来のヒエラルキー型の企業構造が死ぬ可能性より、はるかに低くなるでしょう。

「指数関数的成長」の魅力

簡単なプロセスではありません。実際長いプロセスでした。しかし、私はかなり楽観的でもあります。私たちはようやく転換点に到達したのですから。

私はDTPカンパニーズを通じて、ラスベガスのダウンタンでいくつか大規模な建設プロジェクトに携わっています。これらのプロジェクトの進め方に、いつも魅了されています。最初の2、3年は何も起きていないように見えて、基本的には空き地です。検査を行い、基礎を掘って、設計をして役所の許可を取ったりしていますが、土がむき出しのままです。しかし工事が始まると、突然、一夜にしてそびえたつように見えるのです。

あるいは、「線形成長」と「指数関数的成長」で考えることもできます。(右肩上がりで直線の)線形成長は、短期的には常に指数関数的成長を上回りますが、いずれ逆転されます。グラフを思い浮かべるとわかりやすいでしょう。指数関数的成長は、左から右にほぼ水平に近い線が伸びていますが、途中で突然、急カーブを描いて上昇します。銀行口座の長期複利のグラフに似ているでしょう。

チェス盤と1セント硬貨を使った古典的な例もあります。チェス盤のすべてのマスに100万セントずつ置くか（合計6400万セント）、1マス目に1セント、2マス目に2セント、3マス目に4セント、4マス目に8セントと、1マスごとに硬貨の数を2倍にしてすべてのマスを埋めるか、どちらか好きなほうを選べるとします。

ほとんどの人は、100万セントずつ合計6400万セントを選ぶでしょう。直線的なパターンは見てわかりやすいし、大金に思えます。しかし、実は、後者のほうが賢い選択なのです。こちらは指数関数的な方程式で、最後の64マス目に到達すると、18,446,744,073,709,551,615セントになります（カンマの数でわかるように、とてつもない枚数です。地球上のすべての砂粒の数より多い！）。

私は指数関数的成長のアイデアが好きです。私たちも自己組織化への長い旅の中で、グラフが急上昇する地点に近づいていることを期待しています。

私たちが今後、指数関数的成長をたどれば、経営学の世界にかなり破壊的な変化をもたらすかもしれません。あるいは、私たち以外は誰も気に留めないかもしれません。大規模な破壊的変化が起きるときは、ほとんどの人が、その真っ只中にいるときでさえ気がつかないものです。何年も後になってようやく、そうだったのかとわかるのです。

自己組織化されたビジネスモデルの波及効果

ライト兄弟の初飛行は、メディアにも世間にも注目されませんでした。人々が彼らの成功に言及したのは、初飛行から3年後でした。人類の初飛行に誰も気がつかなかった？　何年も？　そんなことがありえるのでしょうか。空の旅は、私たち人間の生き方と交流のすべてを変えたというのに（この話はザッポスの図書館で人気の本、サイモン・シネックの『WHYから始めよ！　インスパイア型リーダーはここが違う』（邦訳・日本経済新聞出版）も取り上げています）。

自己組織化されたビジネスモデルや構造と人類初の飛行に、共通点はありません。

しかし、これがうまくいくなら、波及効果が生まれると私は信じています。

実際、アマゾンは関心を持っています。ほかの企業も注目しています。私たちのすぐそばにいるアマゾンが注意深く観察している理由は、自分たちが（従業員数が増えるという意味で）成長するにつれて、ヒエラルキー型の構造とトップダウンによるリソース（経営資源）配分の手法では対応しきれなくなっているからです。

彼らも大規模なヒエラルキー型システムの例外ではなく、リソース配分についてダイナミックな意思決定を下す能力が低下しています。つまり、予算編成など、ヒエラルキー型の意思決定プロセスが、組織の規模に追い付いていないのです。

歴史的に見て、ザッポスを含む大企業の予算編成プロセスは、基本的に年1回です。毎年、年度末が近づくと、翌年の予算編成を行います。しかし現実社会では、特に今日の世界では、物事はそのようなプロセスよりはるかに速く変化します。その変化に、大規模な組織がリアルタイムに対応することは簡単ではありません。

しかし、顧客がつくる予算編成（CGB）のプロセスなら、はるかに速い対応が可能です。この場合、予算は各サークルが管理しているため、予算の調整も、パン屋などのスモールビジネスと同じようにできるでしょう。一般的な年間計画を立てていても、翌日は顧客が今日の2倍に増えた、あるいは半分に減ったというときも、年度末まで予算に触れない場合よりはるかに迅速に、現実に合わせて調整できます。

考え方はシンプルです。チームの人数が少なければ、一つひとつの意思決定が迅速になります。ただし、これを実践することは大きな挑戦です。私たちもまさに始めたばかりですが、わくわくしています。

ほかの企業も後に続くでしょうか。

そればかりは、短期的にも中期的にもわからない、としか言えません。私たちは会社の規模、アマゾンによる買収、長年培ってきた文化やコア・バリューという意味で、独特の存在です。アマゾンほどの規模の会社や、その半分の規模でも、私たちのようにダイナミックなリソース配分を実験することはできないでしょう。しかし、私たちがフレームワークとインフラを確立して、このモデルを実証してみせれば、きっと変わるでしょう。

運がよければ、新しく立ち上がるビジネスが触発されて、創業1日目から、従来のヒエラルキー型のモデルではなく、私たちのプラットフォームを活用するでしょう。彼らは最初から、自己組織化されたシステムとして成長できるのです。

エキサイティングな新事業の始まり

タイラー・ウィリアムズ Tyler Williams

ブランド・オーラ責任者

妻のエリッサは高校時代からの恋人だ。初めてのデートは14歳だった。

私たちは全力でザッポス・シアターにイノベーションを起こす

ほとんどの企業にとって、何もせずに、ただ今までどおりのビジネスを続けることは、まったく新しいことに挑戦するのと同じくらい危険です。企業の平均寿命が15年だとすると、その結果はすでに見えています。何も行動を起こさないということは、最も可能性の高いシナリオを選択しているという意味です。

つまり、あなたの会社に残された時間は限られています。いずれ、ほぼ確実に、自分ではコントロールできない変化が起こるか、周りの世界が変わって、時代に取り残されるでしょう。

それなのに、多くの企業がこれまで成功してきたことを続けながら、同時にイノベーションを起こそうとしないことが、私には奇妙で不可解に思えるのです。

もっとも、組織構造の話はもう十分でしょう。ここではザッポスで実際にエキサイティングなことが起きていて、さらにたくさんのことが起きる可能性が目の前に広がっていることについて、話したいと思います。

例えば、私たちはプラネットハリウッド・ホテルにあったアクシス・シアターを引き継ぎました。今はザッポス・シアターとして、バックストリート・ボーイズやグウェン・ステファニー、ジェニファー・ロペスなどのコンサートを主催しています。

全米のスタジアムやアリーナにありがちな、大企業が大金を払ってネーミングライツを購入するブランディングの一つだと思っている人も多いでしょう。しかし、けっしてそうではありません。私たちはザッポス・シアターのマーチャンダイジング業務を行うサークルを立ち上げ、主催するすべてのコンサートに、ザッポスがシーザーズ・エンターテイメントと共同で提供しているサービスを注ぎ込もうと、力を尽くしています。

チケットの購入や座席探しなど、すべての体験に革新をもたらすために、テクノロジーと人間のスキルを活用しようとしています。特に、コンサートの前後にグッズを買う人々の大混雑を解消したいのです。バンドのロゴ入りのTシャツやドリンクホルダーを買うために並んで、身動きがとれなくなったことがあるでしょう？　まるで暴動のようです。行列を見て多くの人があきらめて、欲しかったグッズや記念品を手にすることなく帰ります。

私たちはほかにもいろいろな問題の解決策を考えながら、ザッポス・シアターのコンサートを訪れた人々からも新しいアイデアをもらっています。また、一部のアーティストと直接協力してクールなグッズをデザインするなど、彼らの「顧客」であるファンのために、より良い体験を提供しています。

その過程でもザッポスの文化を貫くことによって、私たちもＰＥＣ（パーソナル・エモーショナル・コネクション：個人的な気持ちのつながり）をつくることができます。

パットの小さなビジネスの大きな可能性

劇場以外にも、創造的なアイデアがたくさん出ています。さまざまなサークルが、社内外で利益を増やす方法を考えています。いずれザッポス・ホテルやザッポス航空をチェーン展開するかもしれません。ただし、このような計画は、誰かが本気でやるとしても、軌道に乗るまでに多くの時間と資金が必要です。だからこそ、最もエキサイティングなのは小さなアイデアでしょう。例えば、パットという社員が動画を作成しています。基本的に彼一人のサークルで、毎月5000ドルほどの予算を社内で請求しています。動画が必要なほかのサークルのために撮影するのですが、編集作業などの待ち時間が発生します。

特に、映像をデジタルデータとして取り込むレンダリングにはかなり時間がかかり、パソコンの処理が終わるまで待つしかありません。そこでパットは、この待ち時間を利用して稼ぐ方法を考えました。ささやかなビジネスかもしれませんが、それでいいのです。少しでも収入が生まれれば、彼のビデオサークル全体の収益が上がり、損益のバランスを取りやすくなるでしょう。

パットが目をつけたのは、みんなが必要とする車のワイパーブレードです。ザッポスは大多数の人が車通勤で、誰もがときどきワイパーブレードを交換します。パットは交換するコツを知っていて、レンダリングを待っている間に駐車場で作業ができます。

たしかに、ごくささやかなビジネスでしょう。でも1500人が同じようなことをしたら？　1500人のミニ創業者が、「私は収支のバランスを考えて、人が欲しいものを見つけ、顧客を見つけて、顧客にサービスを提供する」という起業家精神を持つのです。

事業の立ち上げに多くの資金を必要とする壮大なアイデアもあれば、1500人の社員がそれぞれ副業をして、すべてを蓄積することもできます。あるいは両方を組み合わせて、中間規模のものを数多く取り入れることが、最も現実的なシナリオでしょう。

パットが社内だけでワイパー交換を行い、1回につき5ドルの利益を得るとします。1年間で1500人の社員全員のワイパーを交換すると、利益は7500ドルです。

では、1500人の社員全員がそれぞれ小さなビジネスを経営して、年間7500ドルの利益を上げるとします。総額は1125万ドル。取るに足りない金額ではありません。

副業としてできる範囲なら、本業に影響はありません。しかし、ワイパー交換に社外のクライアントがつき始めて、軌道に乗るかもしれません。

手伝ってくれる人を雇うことになれば、パットは新しいワイパー・サークルのCEOです。さらに、両方に時間を取られるようになって、動画撮影にも人を雇うことになるでしょう。ここで本業と副業が細胞分裂のように2つに分かれ、小さなワイパー事業がさらに拡大するかもしれません。

ラスベガスで働く多くの人がパットのワイパー交換サービスを利用すれば、1000万ドルのビジネスに成長するでしょう。ありえないことではありません。もっと不思議なことが現実に起きているのですから。

ミゲルがアーティスト・チームを雇う

一方で、誰もが起業家にならなくても、このような仕組みは機能します。街のベーカリーショップでは、起業家は店のオーナーだけです。パットが起業家なら、彼の動画ビジネスとワイパービジネスで働く人は、動画を編集したりワイパーを交換したり、自分の仕事をするだけでいいのです。また、彼らも起業家精神を持っているなら、ほかのサークルに雇われて仕事をしながら、自分でも新しい取り組みを始めることができます。私たちはそのサポートをします。これは終わりのないシステムです。

1つのビルに500社のスタートアップが入居して、ほかのサークルにサービスを提供しながら、ビル全体の予算に紐づく収入を得ることもできるでしょう。ワイパー・サークルで交換作業のスケジュール管理のウェブサイトが必要になれば、ザッポス社内のデジタル・カスタマー・エクスペリエンスのサークルが作成する、というわけです。あるいは、社外で収入を得る方法を見つけることもできます。

私が監督しているサークルは、社内でパーティーを企画して、音声や照明、設営、撤収などを請け負っていましたが、今は地元のさまざまな企業にそのサービスを販売しています。小さなビジネスとして成功し、さらに急成長しています。ザッポスには自分たちのパーティーを開くプラットフォームがあり、それが商品の展示会を兼ねるようになって、私たちのパーティーに来る供給業者などに売り込むことができるのです！

繰り返しになりますが、これは終わりのないシステムです。可能性は広がり続けています。もう一つ例を挙げましょう。専属アーティストのミゲルも、最近ザッポスでビジネスを始めました。最初は、彼がザッポスのために自分の好きなことをしていて、自分にしかできない仕事をする資金を得ていました。

しかし、アマゾンの人々も、以前から彼の作品に感動していました。ある日、私たちがアマゾンでのミーティングにミゲルを連れて行くと、彼らが言いました。「ここにも壁画を描いてくれないか」。私たちは彼をアマゾンに貸し出し、アマゾンの壁画を描かせました。すると、彼らがさらに言ったのです。

「ミゲルを預からせてほしい。もっといろいろ壁画を描いてほしいんだ」

「いやいや、彼は私たちの社員です。預けることはできません。でも……彼が提供するサービスの一覧表をお見せしましょうか?」

アマゾンはミゲルの壁画プロジェクトの一つに、迷うことなく数千ドルを払いました。ミゲルは、自分のサービスを求めるほかの企業からも稼げるだろうと気がつきました。今は完全なビジネスにしようと準備をしている最中で、アーティストのチームを雇おうと考えています。

ホラクラシー・クイーン

ダニエル・オークリー Daniel Oakley
カスタマー・ロイヤルティ・チーム、ソーシャルメディア

2018年4月、ザッポス・シアターはグウェン・ステファニーの「ジャスト・ア・ガール」ツアーを主催すると発表しました。私たちのソーシャルメディアのアカウントに、彼女のファンが殺到しました。特にツイッターは、発表から30分以内にグウェンのGIF画像で埋め尽くされました。

その中で3人の女性が、ツイッターで私たちの@ZapposTheaterのアカウントを熱心に追いかけていて、私は彼女たち（親愛を込めて「クイーン」と呼んでいます）とチャットをするようになりました。3人はそれぞれアメリカの異なる都市に住んでいて、全米各地のグウェンのコンサートで知り合ったのです。コンサートを口実に、一緒に旅行をしたり、直接会ったりしていました。ツアーの件が発表された夜、私はたっぷり3時間、彼女たちと話をしました。彼女たちの「レディース・ナイト」にも誘われたんです。

ザッポスは、彼女たちのような人に「ワオ！」を届けなければなりません。私は自分のサークルのリードにツイッターのリンクを送信して、私たちは計画を練りました。ツアー初日まで3人と連絡を取り合い、ラスベガスに到着した彼女たちと合流しました。私は「ホラクラシー・クイーン」と描いた特注のTシャツを着て出迎えました。彼女たちへの「ワオ！」は、コンサートの前のディナーと、記念品の入った特別なお土産バッグです。

コンサートでは最前列で私も彼女たちとグウェンのロックを堪能しました。本当に素晴らしい体験でした。ささやかなPEC（パーソナル・エモーショナル・コネクション：個人的な気持ちのつながり）が大きな効果をもたらしたのです。

資金、募集中！

ミゲル・ヘルナンデス Miguel Hernandez
アート・キュレーター、クリエイティブ

そうなんだ！　今は見習いのアーティストを1人増やすための資金を集めています。その後は？　アーティスト軍団を結成して、地元のすべてのオフィスにアートを飾りたいと思っています。とても忙しくて、もう1人必要です。

「より少ないものからより多くの成果を」出すことはもちろんできるけれど、より多くのものから、より多くを生み出すこともできます。特別なプロジェクトになる自信があります。

今は数字を計算して、全体の計画を立てています。自分が起業家になって、アーティストのチームを率いるなんて、想像したこともありませんでした。私が展覧会のキュレーションをするなんて。ザッポスと、ザッポスの仕事のやり方のおかげで、いろいろなことを経験しています。これからもたくさんのことをやります！

CGBを支える新しいツール

クリス・マティス Chris Mattice
財務
2010年に仕事を辞めて、プロのポーカー・プレイヤーになった。

CFOツールという、新しいエンド・ツー・エンドの財務システムを設計しています。ミゲルのように、自分が昔ながらの管理職になることは考えたこともないけれど、気がついたら新しいビジネスを立ち上げていたという社員が、このツールを使えば「ハンドルから両手を離しても予算編成ができる」でしょう。リードリンクが自分の予算を簡単に管理できるようにして、顧客がつくる予算編成（CGB）をスムーズに機能させるためのシステムです。

プロジェクトの当初の目標は、社内の顧客に「ワオ!」を提供し、財務の透明性を高め、24時間365日利用できるシステムを作ることでした（カスタマー・ロイヤルティ・チームの素晴らしいオペレーターも24時間365日体制です）。

さらに、直感的に使えるものでなければなりません。私たちはCFOツールを構築するために、優秀なエンジニアとビジュアルデザイナーのチームを結成しました。新しい財務システムは敬遠されがちですが、すべての人にとってわかりやすい簡潔なものを目指しました。徹底的なユーザーテストを行い、現行のシステムで最も好きなところと最も嫌いなところを聞きました。かなり手応えのあるフィードバックが集まりました。

タイラー・ウィリアムズは早くから、現行のシステムに二度とログインしなくて済み、発注書の承認をする必要がなくなるなら、私のサークルに10万ドルの予算を出すと言っていました。

小規模なビジネスが（大規模なビジネスも）使うあらゆるもの――経営資源計画、財務、採用、人事、給与、仕入れ、在庫、買掛金、売掛金、レポート作成など――が、1つのオンラインツールに統合されたシステムを作るのです。誰も作ったことのないものになるでしょう。

ただし、私たちは、この素晴らしいサービスをザッポスのすべての人に提供したいと考えました。マネジャーの経験がないリードリンクでも、熟練した専門家のようにプロジェクトを運営して、サークルの財務を管理できるようになるのです。

このCFOツールを使えば、リードリンクはシニアリーダーや財務の承認なしに意思決定を行えます。方向性を変えたり、予算を別の方法で配分したりする必要があるとリードリンクが判断したら、すぐに実行できます。すべてがオンライン上なので、いつでも予算を更新できます。

さらに、組織全体の複数のシステムをつなげて、リードリンクが必要なものの大部分を「ワンストップ」で調達できるようにします。一方で、財務も必要なデータを得られるように、レポートを適宜出力する機能もあります。私が最もクールだと思うのは、このツールに透明性が組み込まれていることです。これにより、全社員がすべてのサークルの財務を閲覧することができるのです。

では、CFOツールのビジョンは、顧客がつくる予算編成（CGB）と市場ベースのダイナミクス（MBD）をどのように支えるのでしょうか。顧客がつくる予算編成（CGB）では、異なるサークルのリードリンク同士が、サービスの提供者および顧客としてサービス契約を交わします。サービス契約は暗黙の仕事を明確に定義して、サークルに期待することを整理するので、想定外がなくなり、互いに責任を果たしやすくなります。

サービスを提供するサークルには毎月収入があり、CFOツールの社内請求書を介して、顧客のサークルから支払われます。サークルは、社内コンテストや顧客の依頼を受けた臨時の仕事から収入を得たり、外部で収益を上げたりすることもできます。これによって年単位の予算編成プロセスが不要になり、リードリンクの予算編成プロセスも、帳簿の収支を合わせるのと同じくらい簡単に変更できます。社員の日常生活と同じように、銀行口座の残高がマイナスにならなければ、すべてうまくいきます。

この本は自己組織化の奇跡そのもの

ティア・スニガ Tia Zuniga
実験的マーケティングとブランド戦略
小学生のときは毎年1回、腕を骨折していました。不器用で、怖いもの知らずで、人に指図されるのが好きじゃない子どもだったの。

自己組織化への移行には、もう一つのインセンティブがあります。

伝統的な経営管理のピラミッドをひっくり返して、社員に主導権を委ねることです。そうすればCEOの重圧が軽減されて、彼らが本当に情熱を持っていることを追求できるようになります。彼らが得意とすることを自由にやっていいのです。

「うぬぼれないで……あなたのことを歌っていると思っているんでしょう？……そうなんでしょう？」ちょっと歌ってみた（カーリー・サイモンの「うつろな愛」だよ）。ティア

があんまり褒めてくれるから、照れくさくなったんだ。

スタートアップのＣＥＯの多くは、会社を大きくした後に従来の経営者の役割を強いられることを望んでいません。自己組織化のモデルはこの点を変えます。

トニーのような人は、自分が情熱を持って取り組んでいることに専念できるようになります。経営とは別の課題に情熱を持っている人は、それに挑むことができるのです。いわば、最大限の委任状です。

社員にも同じように権限を託して、彼らにプロジェクトの主導権を取らせましょう。会社の文化と会社にフィットする適切な人材を集めれば、みんなが同じ方向を目指していると信頼することができます。自己組織化は、彼らを素晴らしい人材に成長させます。

仕事をアウトソーシングしたり、仕事をする必要がなくなるという意味ではありません。あなたが情熱を持っていない部分に情熱を持っている人に、その才能を貸してもらうのです。理にかなった話ですよね。

わかりやすい例があります。トニーは『ザッポス伝説』を書いた後、その後の話を書く気になれませんでした。出版社から理由を聞かれました。友人やほかのビジネスリーダーからも聞かれました。でも、本人に興味がなかっただけです。ザッポスには興味をそそられることがもうなかった、というわけではありません。彼は作家として有名になることに興味がなく、自分について語ることにまったく興味がないのです。

そこで、私のチームが介入しました。

テキサスの小さな出版社からこの本が出版された理由

舞台裏を明かしすぎるのはほどほどにしておきますが、とてもザッポスらしい話です。

ケリー・スミス（私たちのリードリンク）と彼女の婚約者でもあるデリン・ホーキンス（2人はザッポスで出合いました）、そして私は、部署を横断して自己組織化を奨励するプロジェクトを募った社内コンペの一環としてサークルをつくり、社員が会社の本を書くという画期的なアイデアを思いつきました。

マーケティング部門とブランド・オーラを通じて予算を確保し、ニューヨーク・タイムズ紙のベストセラー作家を見つけました。彼は私たちの文化に惚れ込み、人々を鼓舞したいという願いに共感してくれました。彼なら信頼して任せることができると思いました。

私たちはエージェントと契約して、大手出版社もいくつか興味を示しましたが、最終的にテキサスの小さな出版社ベンベラを選びました。ベンベラは、ザッポスがいちばん得意とするやり方で私たちを励ましてくれたのです。彼らが提示したオファーは、私たちと、私たちの未来の読者に、心のこもったサービスを提供するものでした。

つまり、あなたが読んでいるこの本は、自己組織化と市場ベースのダイナミクス（MBD）が直接結び付いた結果であり、自己組織化の奇跡そのものです。

ほかにも社内で知られているアイデアを振り返ってみると、リアリティ番組「アンダーカバーボス　社長潜入捜査」を思い出します。大手企業の社長がかつらや付け鼻、クラーク・ケント風の眼鏡をかけて変装し、下っ端の社員にこき使われながら、レストランのカウンターや配送センター、清掃などの現場で起きていることを肌で知るという番組です。

変装して身分を偽った社長は、社員と本当の意味で自由に、率直に、話すことができます。自分の会社について知らなかったことを、知ってしまう社長もいます。問題が明らかになれば、修正が必要です。

従来のピラミッド型組織の底辺で、驚くような才能と前向きな考え方を持つ人々と出会うこともあります。とはいえ、テレビ番組なので、社長が正体を明かす場面でクライマックスを迎え、社員はそろって衝撃を受けます。社長は現場の社員の優れたアイデアを尊重し、時には昇進やボーナスで報い、アイデアのいくつかを実行して会社を改善するのです。

なぜ潜入しなければならないの？

ここで疑問が1つ。どうして潜入するのでしょうか？

すべての社長が、いつでも、堂々と、現場に行けばいいだけです。私たちの場合、トニーに潜入調査ができるとは思いません。みんな彼をよく知っています。変装は見破られるでしょうね。

いや、どうだろう。中学生のとき、学校のハロウィンコンテストに出場したんだ。私はメイクをして、カツラをかぶって、母の服を着た。出場者は壁のほうを向いて一列に並ばされた。後で聞いたら、私は失格になっていた。審査員の一人が私を見て、『彼女は』何の変装をしているつもりなんだ？」と言ったとか。

私たちはいつも彼に会っています。メールで質問をすれば返信があります。ミーティングをしたいと言えば、彼も参加します（彼の予定を確保するまで2、3週間かかるときもありますが）。

しかし、そのような働き方をしていないCEOは、聡明な社員だと思う人を自分の周りに集めようとするでしょう。もしそうなら、市場に必然的な変化が起きるまで待って、それに反応するのではなく、今すぐに彼らの優秀な頭脳を活用して、あなたの会社を前進させるために力を借りればいいのです。おそらく現場の社員はあなたより先に、変化に気がついているでしょう。まずは、人々の話に耳を傾けることから始めるといいでしょう。ただし、それだけでは足りません。社員を信頼して、変化を起こす力を与えるのです。

社員に力を与えれば、驚くような結果が生まれるでしょう。

ハンドルを握っているのは自分

クリス・ピーク Chris Peake

戦略イニシアティブ

ランニングをしている。走りたいから走るのではなく、ビールが飲みたいから走る。

社員により多くの力を与えよう

自己組織化と、進化する自己管理システムの下で、個人のとても素晴らしい成功をいくつか見てきました。市場ベースのダイナミクス（ＭＢＤ）が真価を発揮すれば、成功率は10倍に跳ね上がるはずです。

マネジャーはさまざまな優れた意思決定をしますが、従来のようなリーダーシップだけでは、常に正しい意思決定を下すことはできません。ティアが言うとおり、現場の声に耳を傾ける必要があります。彼らは顧客と直接話をして、顧客のニーズを聞き出しているのです。あとは、彼らに車のキーを渡して自由に運転させましょう。

社員に多くの力を与えれば、彼らはより革新的になるでしょう。そして、彼らがハンドルを握っているのは自分だと実感したときに、最も驚異的で、破壊的で、革新的なアイデアが生まれるのです。

語るべき物語は、これから生まれてきます

タイラー・ウィリアムズ Tyler Williams

ブランド・オーラ責任者

ルンバで動く耐火性ビアポンテーブルを作った。

【ビアポンは、テーブルの両端に置いた水もしくはビールが入ったカップに、ピンポン玉を投げ入れる競技】

長い時間をかけてきました。

特に市場ベースのダイナミクス（MBD）は、正しく機能させたいので、慎重にゆっくり進めてきました。最大の壁は心理的な恐れです。市場ベースのダイナミクス（MBD）と顧客がつくる予算編成（CGB）に、いったいどのような責任を要求されることになるのだろう、と。

不満を感じている人は、今もたくさんいます。なかでも、予算編成や経営管理の古いシステムに責任が欠如していることに守られてきたごく少数の人たちは、その盾が消えたときに何が起き

るのか、かなりおびえています。

いよいよその時が来ました。**大部分の社員は、「大丈夫、自分はやっていける」という気持ちに、ようやく至りました。**

落ち着けば、ラスベガスのダウンタウンに移転したときと同じように、前向きの経験になるでしょう。戸惑いや不安は自然な反応であり、克服するのに時間がかかるものです。

それでも、すべてが整ってきた今、これまでよりはるかに速く進み始めるでしょう。

これは理屈ではありません、現実です。

懐疑的な人がたくさんいることは知っています。彼らに直接、話を聞きました。世の中の大部分に典型的なヒエラルキーが根を張っているので、人々は私たちがやっていることに対する疑問を隠そうともせず、率直に問いただします。

「うまくいくと本気で思っているのか？」

「本当に可能なのか？」

「副業が十分なキャッシュフローを生んで、価値のあるビジネスになるはずがない。いい加減にしてくれ！」

「自己組織化のたわごとが本業をつぶすぞ！」

本業のかたわらで販促品を細々と売っても、微々たる金額にしかならないと思うでしょう（実際は、そんなことはありません）。1人の才能ある社員が壁画を描いて得られる利益は、些細なものに見えるでしょう。企業の利益という大きな枠組みの中では、取るに足りないものかもしれません。ただし、ミゲルにとっても、彼の美しいアート作品に囲まれて働いている私たちにとっても、些細なことではけっしてありません。

懐疑的な人々が言いたいことはわかります。「仮にすべてのアイデアが軌道に乗って、数十個、数百個のチームが会社に新たな利益をもたらしたとしても、この実験全体の結果がわかるのは何年も先になる。それでもわざわざやるのか？」

ところが、何年もかかりませんでした。すでに結果が出ています。

現実に結果が出ているのです。

関係者全員が真の意味でウィン・ウィンになるような、利益につながる「ワオ！」な結果です。

この本ですべてを語ることは、まだできません。私たちは始めたばかりです。20年後、200年後には、語るべき物語がたくさん生まれているでしょう。

次の章で紹介するのも、この本で話したことがすべて1つにまとまったときに、何が起きるかという一例にすぎません。

今の段階で語る結果は、取るに足りないものばかりです。

13

THE POWER OF
ZAPPOS ADAPTIVE

ザッポス・アダプティブで起こった奇跡

ザッポス・アダプティブは、誰を助けたのか

ソール・デーブ Saul Dave
エンタープライズ・システムズ

私はアドレナリン中毒だ。世界一高いバンジージャンプ、上空4500メートルからのタンデム・スカイダイビング、ホホオジロザメと一緒にケージ・ダイビング。曲芸飛行を披露するレッドブルの飛行機に同乗したことも。ただし、信じられないくらい事故に遭遇しやすくて、いつも怪我をしている……アドレナリン中毒者にはよくない特技だけど。

すべては1本の電話から始まりました

2014年7月に新入社員研修が始まって、私はトーニャという女性からの電話を受けました。届いた靴のサイズが間違っていたのです。

注文は、靴紐の代わりに面ファスナーがついた大人サイズのスニーカーでした。私は手違いを謝罪して、交換しようとしましたが、彼女が希望するサイズは在庫がありませんでした。ザッポスのサイトを検索しても、似たような靴は見つかりませんでした。

トーニャは少しいらだっていて、悲しそうでした。

電話越しに落胆を感じ、私は理由を尋ねました。何か埋め合わせをしたかったのです。トーニャは、孫のガブリエルのために注文したと話し始めました。ガブリエルは自閉症で、靴紐が結べません。そうした細かい作業ができる運動機能が、発達していないようです。多くのメーカーが子ども用の靴に面ファスナーを使っているので、幼い頃は特に困ることもありませんでした。しかし、成長して体が大きくなり、かっこいいデザインで靴紐がない運動靴を探し回っていました。

「そういう靴がなかなか見つからないなんて、知りませんでした」と私は言いました。

「大変なのよ。だからザッポスで見つけたときは感激したの。でも、今は悲しくて。あの子はどうすればいいのかしら。がっかりすると思うわ」

「今回のことは社内でメモを残して、私たちに何かできることがあるか、少し考えてみます。どこかで靴を見つけたら、別の店でも、とにかく見つけたら連絡します。それまでは送った靴を持っていてください」

「サイズが合わないのよ」

「わかっています。でも、返品する必要はありません。誰か履ける人がいたら、あげてもかまいません。お孫さんのような人を助ける組織に寄付してもいいですよね。あと、今回の代金は返金します」

「お話ししている間に、返金の手続きが終わりました」
「本当に？」
「うれしいわ。ありがとう！」

いいアイデアじゃないか！

私はほかの小売店やメーカーに問い合わせました。おしゃれで魅力的な大人用の靴を作っているメーカーならぴったりだと思いましたが、残念ながら空振りでした。まったく見つかりませんでした。ガブリエルと同じようなニーズを持つ人のための靴や服を専用に扱うネット通販会社は、1つもありませんでした。

自閉症の人が日々直面しているニーズと課題について、私は何も知りませんでした。彼らが服を着るときにどんなことに困るのか、想像したこともありませんでした。トーニャの明らかないらだちや悲しみと、個人的につながりを感じたというわけではありません。私はただ、彼女が助けを必要としていることに気がついたのです。

彼女のニーズを知って、私はひらめきました——家族が必要としている靴や服を探すのに苦労している顧客が、ほかにもたくさんいるはずだ。

履きやすい靴を探し始めた私は、医療用品のサイトで矯正用の靴を見つけました、スタイリッシュなデザインではありませんでした。ほかにもようやく見つけた靴や服は、特定のニーズに合わせた機能的なもので、高齢者向けのデザインに見えました。

ファッション性があって機能的な服や靴というジャンルは、完全に空白でした。市場の隙間を知った私は、ザッポスのサイトに「アダプティブ」のカテゴリーをつくりたいと考えました（アダプティブとは、障害などがある人のために環境を適応／調整すれば、平等に社会参加ができるという考え方。そのための工夫や補助具）。

数人のエグゼクティブに提案すると、全員が「いいアイデアじゃないか！」と言いました。とはいえ、その意志が行動に移されることはありませんでした。数カ月間、何も起こりませんでした。

繁盛している会社で日々の業務に追われていると、よくあることです。アイデアの多くは、ずっとアイデアのままです。

自己組織化への移行とティール・オファーの混乱の中で、私のアダプティブへの思いは薄れていきました。そして翌年の夏、ソフトウエア会社のSAPにいる知人から、「エルス・フォー・オーティズム」というチャリティー・ゴルフイベントに誘われました。

運命だったと言えるでしょう。南アフリカ出身のプロゴルファー、アーニー・エルスには自閉症の息子がいて、彼が自閉症支援のために活動している財団をＳＡＰが支援しています。私はこのイベントに参加し、たくさんの素晴らしい人々と出会いました。ＳＡＰのプレゼンテーションでは、彼らが自閉症の人を積極的に採用していて、全従業員の１％に当たる人数を目指していることを知りました。これが私に火をつけたのです。アダプティブな靴や服をザッポスで取り扱うという計画を、もう一度考えようと決めました。

やってみればいい、誰かに報告する必要もない

同じ頃、自閉症と診断される子どもが多いという報道をよく目にしました。50人に1人の割合です。私はこの数字を、アメリカではかなりの数の家庭が自閉症に悩んでいると解釈しました。そして、小売業者の大半は、これらの子どもとその親のニーズに対して反応が鈍いようです。細かいニーズに合わせて特別にデザインされたアダプティブな靴や服が、数百万人の大人を手助けすることができるのに。

私はスコット・シェーファー（ザッポスの財務部門のエグゼクティブ）に話をして、アダプティブの市場を調べたいと申し出ました。「私たちは行動を起こすべきです。大きなニーズがあるんです」

彼は「とにかくやってみればいい」と言いました。「今後は誰かに許可を取る必要もない」自己管理型の組織モデルへの移行が前向きな変化であることを、私は初めて、本当の意味で理解しました。誰かの「上の人」に報告する必要もなく、このアイデアを自由に追求できるのです。マーケティングや仕入れ担当、ブランド・オーラなど、社内のさまざまなグループにメールを送りました。ブランド・オーラは、あらゆる革新的な方法でザッポスのブランドを向上させる専門チームです。ゆっくりと、しかし確実に、私のビジョンを信じてくれる人を集めて小さなチームを結成しました。

自分たちが何をしようとしているのか、まだ正確には理解していませんでした。具体的な方法を考えるためのガイドラインもありませんでした。1人のおばあさんが、背が伸びた孫のために紐のないスタイリッシュなスニーカーを探しているのに、見つからなくて途方に暮れている。それだけのために、アダプティブの専用コーナーをつくって商品をそろえようというのです。本当にできるのでしょうか。

ザッポス・アダプティブの始動

社内で適切なスキルと経験を兼ね備えたメンバーを集めてチームを結成するのに時間がかか

ったため、状況はさらに難しくなりました。早くから参加したダナ・ズンボは、マーチャンダイジングの幅広い経験があり、人生の大半を障害のある子どもや大人のためのボランティア活動に費やしてきました。ファッション関係のバイヤーとして、デレク・フローレスが加わりました。さらに、ウェブサイトの経験と部門の枠を越えたチーム運営の実績があるモリー・ケトルが、ザッポス・アダプティブのディレクターに就きました。この小さなチームで、2016年から2017年の初めにかけてプロジェクトを始動させました。

「パワーポイントで資料を作り、事業計画をまとめました」とモリーは振り返ります。ダナが言うとおり、「社内のあちこちでアイデアを売り込みました」

私たちの目的は、自閉症の人のニーズに応えることから、アダプテーションが必要なすべての人が暮らしやすくなる靴や服をそろえ、彼らが自分ひとりで、自信を持って着こなせるように手助けすることへと広がりました。さらに、障害を持つ人、障害を持つ子どもの親、顧客、障害を持つ人々にサービスを提供している団体に話を聞くなど広範な調査を行い、このようなニーズについて学びました。

私たちの提案に対する反応はよく、社内で資金を調達して、2017年4月に「ザッポス・アダプティブ」のサイトが正式に稼動しました。最初は新しいブランドは2つしかなく、私たちが理解したさまざまなニーズをもとに、ザッポスのサイトですでに取り扱っていた服や靴の一部をアダプティブのラインに加えました。

アダプティブという言葉を広めるために、草の根のマーケティングに力を入れました。そして、奇跡が起きました。ナイキの目に留まったのです。あのナイキが！

ダナは、自閉症と向き合う家族を支えてきた経験から、ナイキの「フライイーズ」のことを知っていました。フライイーズの靴は足を入れるだけで歩き出すことができ、靴紐もいりません。あらゆるレベルの能力を持つアスリートのために、ナイキが革新性を発揮した素晴らしい成果です。あらゆるニーズに対応しているのです。

ザッポス・アダプティブを開設した後、ダナは、ザッポスのバイヤーでナイキとの提携を統括しているアーロン・トリッシュに相談を持ちかけました。完璧なタイミングでした。数日後にナイキのチームがオフィスに来ることになっていたのです。アーロンはダナを会議に招き、ザッポス・アダプティブの説明をすることになりました。

ナイキとの協業

実は、そのときは私たちも知らなかったのですが、ダナがアーロンに連絡したのと同じ頃、ナイキもザッポス・アダプティブに接触しようとしていました。彼らが私たちのことを知ったきっかけは、フェイスブックのある投稿でした。自閉症の甥がいるナイキの社員がその投稿に深く共感して、甥の母親である自分の妹に、彼女の母親ネットワークで広めてほしいと伝えました。

その社員は次のように語っています。「妹と彼女の家族のことを思い、彼らが息子のためにさまざまなアダプテーションを考えて犠牲を払ってきたことを思ったときに、これで心配事が1つ減るかもしれないと気がつきました。履いたり脱いだりしやすい靴や、過敏な感覚に配慮した服を、1つのサイトで探せるのです（しかも、おしゃれですよね）。ザッポスのような会社がこんなに素晴らしいサービスを提供しているなんて。みんなに知ってほしいと思ったし、ナイキも協力するべきだと思いました」

ただし、問題が残っていました。ナイキのフライイーズをザッポス・アダプティブのサイトで取り扱うには、どうすればいいのでしょうか。

これは大きな問題でした。当時、フライイーズの製品を買うことができるのは、ナイキの公式サイトだけだったのです。

ナイキとの最初のミーティングから2カ月も経たないうちに、ナイキからメールが届きました。ザッポス・アダプティブが2018年春からフライイーズの製品を取り扱えるようになった、私たちも喜んでいる、アダプティブのサイトが流通を変えるきっかけになった。そう書かれていました。

ナイキは私たちのミッションを信頼してくれました。それは、あらゆる能力を持つアスリートにサービスを提供するというナイキのミッションとも一致します。以来、私たちはナイキのチームと緊密な関係を築き、何万人という顧客の人生に触れてきました。彼らはお気に入りのナイキのシューズを難なく履いて、妥協のないパフォーマンスを優雅に披露しています。

ナイキのようなブランドをパートナーに持つことは、とても大きな意味があります。私たちは彼らのやっていることが大好きです。フライイーズが私たちのサイトで買えるようになって、アダプティブなファッションを世間に広めることができ、ザッポスはさらに成長して、より多くの人々の生活を変えています。

ナイキにとっては、彼らの言葉を借りれば、ビジネスではなく正しいことをしているだけです。

すごいイノベーターがいた！

同じ頃、私たちはビリー・プライスという魅力的なイノベーターに出会いました。ビリーは大学生のときに、3階建てのビルから転落しました。首の骨が折れて四肢麻痺になり、腕と手の可動域が制限されています。工学を専攻していた彼は、難しい問題に取り組み、独創的な解決策を考えることに慣れていました。事故の後も、さまざまな問題を自分で解決しました。学校に戻って学位を取得し、車を運転する新しい方法を身につけ、服を着るときの工夫も自分で考えました。ただし、どうしてもうまくいかないことが1つありました。靴を履くことです。スリッパのような靴に足を入れるだけでも難しく、靴紐を結ぶのはほぼ不可能でした。

ビリーと長年の友人ダーリン・ドナルドソンは、試行錯誤を重ね、靴を簡単に着脱する方法を再定義するようなデザインの靴を開発しました。靴の片側に、かかとから爪先まで開くジッパー機能がついていて、甲の部分をめくり上げると完全に開きます。靴に足を差し入れようとして途中で引っかかることもなく、足を上からまっすぐ入れることができます。

そして、ビリーと彼のチームの最大の成果は、誰もが履きたくなるようなかっこいい靴に仕上げたことです。彼らのビリー・フットウエアのキャッチフレーズのとおり、「ファッションを重視したユニバーサルデザイン」です。

私たちのサイトでもビリーの靴を販売するようになり、その後もさまざまな成長が続いています。

今では着脱が簡単な靴を幅広くそろえ、ほかにも感覚を刺激しない衣類、リバーシブルのシャツとパンツ、磁気ファスナー付きの衣類（普通のボタンを留めるのが難しい人もいます）、手術後に着やすい衣類、糖尿病の人向けの靴、コンプレッションウエア（筋肉や関節に適度な圧力を加えてサポートする衣類）などを販売しています。

選択肢があることに気がついた人々の感動を知る

「顧客や、この分野に詳しい人の助言に耳を傾けることが、とても重要でした」とダナは振り返っています。「トーニャのような親や祖父母、障害を持つ人、ザッポス・ファミリーの中で障害を持つ友人や家族がいる人たちと話をして、彼らのニーズについて聞き、私たちが提供する製品でそれらのニーズに応えようと努力しています。地元の作業療法士や理学療法士のコミュニティにも協力してもらっています」

こうした積極的な働きかけをもとに、そこから迅速に学んでフィードバックを得る一つの方法として、ザッポスのキャンパスで地域社会向けのイベントを開催しました。その夜に掘り当てた宝石は、障害者とその家族に最前線でサービスを提供している作業療法士と理学療法士が集まる全国大会に、私たちも参加するという提案でした。彼らは患者の生活を楽にするための解決策を理解していて、推奨し、自ら創造しています。

「私たちは2018年2月の理学療法士の全国大会に参加して、このようなカンファレンスにブースを出展する意味があるかどうか、確かめることになりました」とモリーは言います。「当日の出展者には、衣類やフットウエアの関係者がほとんどいませんでした。そこで、その年4月に開催された作業療法士の全国大会にブースを出展しました。それをきっかけに、作業療法士のコミュニティとの対話が広がりました」

私たちは作業療法士からいろいろな話を聞くことができました。彼らは患者が特殊な器具をつけたまま履ける靴を探し、関節などの可動域の訓練方法を考え、車椅子の人が簡単に靴を履いたり脱いだりできる工夫をこらしています。しかし、彼らが考案した解決策は、一般に購入できるようにならず、大量生産されることもありません。特定のニーズに合わせて何かを調整して修正しなければならない場合は、白紙の状態から設計図を描き起こすようなものでした。

私たちがメーカーからアダプティブな製品を集めていることを知って、作業療法士たちはとても喜んでいました。そして、彼らが個別の事情に合わせて考案した解決策のいくつかが、一部のメーカーにより製品化され大量生産され始めていることに驚いていました。

「自分たちのニーズを満たす選択肢があることに気がついた人々の感動を、直接感じることができるのは、何よりも素晴らしい瞬間です」とモリーは言います。

「私たちはヒューストンとロサンゼルスで、消費者向けの見本市『アビリティーズ・エキスポ』にブースを出展しました。子どもたちは、装具にフィットするだけでなく見た目も可愛らしい靴を試しに履いて、それを見て本当にたくさんの親が（そして私たちも！）感極まっていました。生まれてからずっと靴に苦労していた男性が、ナイキのフライイーズなら10倍、楽に履けるのです。車椅子の女性は20年間、自分に合う靴を探し続けていましたが、靴どころかジーンズを履けるようになりました」

「彼らは自分が抱えている課題について、私たちに話してくれます」

「子どもが苦労しない靴や服をネットで買うことができれば、親が日常的に感じているいらだちも少し和らぐでしょう。それが私たちのモチベーションです」

先駆者との邂逅

私たちは、ザッポス・アダプティブに定期的に意見や専門知識、アイデアや助言を提供する諮問会議を設置しました。メンバーは、この分野で経験があって、機能のためにファッションを妥協したくない障害者が生活しやすいように手助けする、という目標を共有する人々です。企業のオーナー、ファッション・コンサルタント、マーケティング・コンサルタント、組織のリーダー、ミス・アメリカの出場者、ボストンマラソンの爆破事件の生存者、ランウェイ・オブ・ドリームス財団（ＲｏＤＦ）の創設者など、多様な顔ぶれが集まりました。

このプロジェクトの最初に行った調査で、ＲｏＤＦの存在を知りました。彼らはファッション業界で障害を持つ人のインクルージョン（排除されずに生活できること）を促進する、というミッションを掲げています。さっそく設立者のミンディ・シャイアーに連絡を取り、サイトを立ち上げる直前の2017年にニューヨークで初めて会いました。私たちはすぐに気持ちが通じ合いました。

ミンディの息子は筋ジストロフィーの中でもめずらしい病型で、服を着ることがとても難しいことなど、ランチを取りながら個人的な話をしてくれました。彼女はファッショデザイナーとしての専門的な経験をもとに、インクルージョンを通してファッション業界を創造的に破壊する機会を見い出しました。

RoDFは毎年、ガラとファッションショーを開催して、障害を持つモデルを起用しています。私たちはミンディに招待されて2017年に初めてショーに参加し、翌年はインクルージョンに関する賞を受賞しました。

その後もミンディと彼女のチームとの協力関係は続き、2019年3月にラスベガスで、ザッポス・アダプティブとRoDFが共同でファッションショーを開催しました。障害を持つ30人のモデルがさまざまな種類のアダプティブな服と靴を身にまとい、1000人以上の観客を前にランウェイを歩きました。信じられないような体験でした。

私たちはRoDFを通じて、トミーヒルフィガーとその親会社PVHの最高幹部と対面しました。トミーヒルフィガーはメンズ、レディース、キッズの定番のデザインに適応性を加えて――「隠れたイノベーション」――新しいコレクションを立ち上げ、アダプティブなファッションの先駆者になりました。

私たちのチームのメンバーで、ザッポス・アダプティブのバイヤーを務めるデレク・フローレスは、2017年のRoDFガラの前からトミーと連絡を取り合うようになりました。そして、ミンディの人脈のおかげもあって私たちとトミーヒルフィガーの関係が深まり、2018年後半から「トミー・アダプティブ」のラインを私たちのサイトで取り扱い始めました。

廃盤寸前のラインを独占販売に

「コンバースの靴にも素晴らしい物語があります」とモリーは言います。「コンバースは、イージースリップというスリップオンを製造していました。ハイカットのかかとが面ファスナーで大きく開閉するため、AFO（足首をサポートして歩行を補助する装具）を装着している子どもの親から、とても便利だという話を私たちもたくさん聞いていました。

だからザッポス・アダプティブを立ち上げたときも、この靴を目玉にしました。しばらくして、イージースリップの在庫が減り続けていることに気がつきました。サイズの欠品も増えたので、仕入れ担当のカーラに連絡すると、『在庫レベルのことは知っています。もうすぐ廃盤になるんです』と言うのです」

私たちは廃盤にしてほしくなかったので、ダナはカーラに会い、カーラがコンバースと電話会議の約束を取りつけました。私たちは入念に準備をして、私たちの顧客の多くにとってイージースリップがいかに重要かを訴えました。コンバースは製造再開に同意して、ザッポス・アダプティブのサイトで独占販売をすることになったのです！

「このようなストーリーがあるから、私たちのモチベーションが続きます」とダナは言います。「このような機会を私たちが追求できる自由がなければ、ザッポスのチームや地域の人々と協力してミッションを遂行できる自由がなければ、このような物語は生まれなかったでしょう」

私たちは、ザッポスのスタートアップ

これらの経験を通じて、ザッポスという大きな会社の中で自分たちのスタートアップを経営しているという感覚が、さらに強まりました。スタートアップである私たちは、支出に対して非常に慎重かつ意図的であり、潜在的な投資リターンの機会を分析しながら、あらゆる場面で「より少ないものから多くの成果」を実践しています。

しかし、いちばんエキサイティングなのは、私たちが行うすべての良いことが、世の中のため

だけでなく、会社のためにもなることです。ザッポスを象徴する価値観を集約して行動に移すことが、ビジネスとして成立するのです。

ザッポス・アダプティブの初年度の売上げは、数百万ドルに達しました。人を大切にするブランドやコミュニティとの提携が原動力となり、ほぼすべてがクチコミと草の根のマーケティングでした。

私たちが成功できたのは、外部のアドバイザーの意見や社内のサポートのおかげです。サイトのデザイン、マーケティング、クリエイティブ、ＰＲ、法務、財務、マーチャンダイジング、オーディオ／ビジュアルなどのチームと協力して、さらにはザッポス・アダプティブの成功を目指して全力でコミットしてくれる人々に支えられています。私たちはさまざまなチームとの関係を大切にしながら、社内外を問わず素晴らしいパートナーになれるように努力しています。

私たちの小さなチームは、さまざまな肩書きと経験を持つ数人から始まりました。モリーとダナが開いたフェイスブックのページは、私たちがサービスを提供しようとしている人々やコミュニティとつながるための優れたチャネルになりました。

フェイスブックのページが盛り上がるにつれて、もっとうまく活用してほかのプラットフォームにも広げたいと考え、ソーシャルメディアの担当者を迎えることにしました。２０１８年４月、ザッポスのフォトスタジオで働いた経験のあるロリ・ウォンがチームに加わりました。彼女は腕のいいフォトグラファーで、フェイスブック、インスタグラム、ツイッターのアカウント（@ZapposAdaptive）を作成して管理するなど、素晴らしい貢献をしています。

あまりの急成長で、どこまで大きくなるのか予測できないほどです。正直なところ、ほぼ完全に新しい市場を創出して利益を上げることは、私たちの目標ではありませんでした。私たちの目標はサービスです。これらの製品を必要としている人が簡単にそれを見つけられるようにすることです。人々の生活に影響を与えたいのです。大きな目標ですが、服が着やすくなる選択肢を顧客に提供することのように、シンプルな方法で実現できることを学びました。

トーニャを飛行機に乗せた

トーニャと初めて話をしてからザッポス・アダプティブを立ち上げるまでの3年間に、私は何回も彼女に電話をかけました。でも、彼女は一度も出ませんでした。

2017年後半のある日、私たちは会議室に集まり、ザッポス・アダプティブの本当の目的を伝える方法について、ブレインストーミングをしていました。そして、トーニャにもう一度、電話をかけてみることにしました。

奇跡が起きました。トーニャが電話に出たのです。

「ちょうど夕食を作っていたところよ。勧誘の電話かと思ったわ！　でも、同じ番号がこれまでに何回も表示されていたから、誰なのか確かめてみようと思ったの」

「ザッポスのソールです。３年前の電話を覚えていますか？　お孫さんの靴の件で」

彼女の電話がどんなことを引き起こしたのか、これまでのことを説明しました。彼女は言葉が見つからないくらい驚いていていました。

「そこまで気にかけてくれる会社があるなんて信じられない。本当に感謝しています。ガブリエルだけでなく、紐のない靴や着やすい服を必要としているすべての子どもたちに代わって、お礼を言います」

トーニャはアトランタに住んでいて、ラスベガスに来たことは一度もありませんでした。だから私たちは彼女を飛行機に乗せました。

「彼女は私たちのチーム全員と、ほかにも多くの社員に会いました」とモリーは言います。

「私たちは彼女を街に連れ出したんです」とダナは振り返ります。

私たちが彼女にどれだけ感謝しているかを、伝えたかったのです。彼女は私たちファミリーの一員です。今もフェイスブックで私たちの活動をフォローしてくれています。

ザッポスで新しいものをつくることがどういう感覚なのか、説明するのは難しいことです。最初からそのような目的を抱いてザッポスに来た人は、１人もいません。

「私はずっと小売業のマーチャンダイジングの仕事をしていました」とダナは言います。

「ザッポスに来る前は、ボランティアとしてスペシャルオリンピックスに携わっていました。自閉症の子どもに水泳やレクリエーションを教えていたこともありますが、今では仕事を通じて、また違うかたちで自閉症のコミュニティと密接に関わっています。とても素晴らしいことです。

私が長い間協力してきたコミュニティの人々に商品を売るチームが生まれ、そのチームの一員になることができたのです。信じられません。自分の小売業への情熱と、子どもや大人と一緒に働く楽しさを、こんなに充実した仕事に結び付けることができるなんて、考えたこともありませんでした。私は世界で最も幸運な人間です。そう感じています」

「私もそう感じています」とモリーも言います。「すべての力が収れんして、強烈な嵐を巻き起こしました。起きるべくして起きたのです。私が過去に仕事で経験してきたことはすべて、この仕事のための準備だった気がします。私たち全員がとても充実していて、『仕事』だと感じないくらいです」

「そうなのよ」とダナ。「家に帰って、仕事に行って、週末に仕事をして、旅行をして、仕事をして。でも、仕事とは違う。仕事がどんなものか知っているけれど、これは違います」

モリーも同じです。「1日の終わりにいつも思います。1週間がもう1日あればいいのに。やらなくてはいけないことがたくさんあるんです。昔は時計を見つめて『もう帰ってもいいかな』

と考えていたのに、そんな感覚を思い出せなくなりました」
「うまく言葉にできないけれど」とダナ。
「私たちはただただ、感謝しています」とモリー。

私たちは気がつくと泣いています

最近ヒューストンで開催されたアビリティーズ・エキスポでの体験は、私たちのチームの原動力を象徴しています。週末には6000〜7000人が来場しました。会場でモリーは、ダナの隣にいる車椅子の若い女性が泣いていることに気がつきました。彼女は脚の装具の上からナイキのフライイーズを試着していました。泣いていた理由を尋ねると、彼女は涙で濡れた顔を上げて言いました。「こんなにぴったりフィットする靴は初めてなの。本当に――本当にすごい。ワオ！　そう……ワオ！」

彼女は29歳でした。ずっと自分に合う靴を探していたのです。

「翌日また彼女が来て、ブースの前を通る人に声をかけていました」とモリーは言います。「『これを見なくちゃダメよ！　見て！』と言っているんですよ。子どもを連れたお母さんたちが来て、靴を試着しました。その光景に私は涙があふれました。彼女たちは、自分の人生に大きな影響を与えるものを見つけたのです。この仕事をしていると、気がついたら泣いているんです」

「そうした影響を自分の目で見ると、前に進み続けることができます」とダナは言います。「1人だけを助けているのではありません。1人を助けて、多くの人を助けるのです」

それこそまさに、私たちがザッポス・アダプティブで共有しようとしてきたことです。1人を助けて、多くの人を助ける。

素晴らしい働き方です。

素晴らしい生き方です。

ザッポス社員の誓い

1　サービスを通して「ワオ！」という驚きの体験を届ける

ザッポスでは、やりがいがあることとは、「ワオ！」という驚きの体験を届けることです。「ワオ！」とは実に短く、シンプルな言葉ですが、たくさんのことを含んでいます。「ワオ！」という驚きの体験を届けるためには、自分と他者との違いを出さなければならず、つまり、少々型破りで革新的なことをすることになります。

あなたも、期待をはるかに超えたことをしなければなりません。さらに、何をするにしても、相手の心に強く訴えなければなりません。ザッポスは普通の会社ではありませんし、サービスも普通ではありませんから、社員にも普通であってほしくありません。全員に「ワオ！」という驚きの体験を届けてもらいたいのです。

社内で同僚といようが、社外で顧客やビジネスパートナーといようが、「ワオ！」という驚きの体験を届けることで、クチコミが広がります。ザッポスの理念は、直接、金銭的に報いるのではなく（例えば、私たちは顧客に包括的な割引サービスや販売促進をしていません）、サービスと体験で「ワオ！」と驚かそうというものです。

私たちは、顧客、同僚、取引先、ビジネスパートナー、そして長い目で見れば投資家をも、「ワオ！」と驚かそうとしています。

考えてみてください。より多くの人を「ワオ！」と驚かせるために、仕事や態度で改善できる点はありますか。今日、少なくとも誰か1人を「ワオ！」と驚かせましたか。

このコア・バリューを体現するために

- 自分の仕事ではないと思っても力を貸す。ガバナンス・ミーティングで問題点を共有するまでは、個々の行動で対応してかまわない。
- すべての人に、あらゆる所に、「ワオ！」を届ける。
- 誰かに「ワオ！」と声に出して言わせる。
- ザッポスにとって最善の利益は何かということを常に考えながら、顧客にとって最もポジティブな結果を引き出すためのやりとりを組み立てる。顧客＝ザッポスのサイトで買い物をする人、取引業者、同僚、就職希望者、とにかくすべての人。

2 変化を受け入れ、変化を推進する

成長中の会社にいて免れられないのは、絶え間ない変化です。人によっては、特に大企業出身者にとっては、絶え間ない変化に最初は不安になるかもしれません。絶え間ない変化に向き合う準備ができていないなら、おそらくあなたは成長中の会社には不向きな人でしょう。

私たち全員が学ぶべきことは、変化を恐れないことだけではなく、変化を熱烈に歓迎することであり、しかも、おそらくさらに重要なのが、変化を促進、推進することです。私たちは常に絶え間ない変化に備えて計画を立て、準備しなければならないのです。

変化の波はあらゆる方向からやってきますが、重要なのは、企業内における変化の大部分はボトムアップ、つまり顧客か問題、あるいは両方により近い所にいる、最前線の人たちを起点に推進されるということです。

現状維持をけっして受け入れず、現状維持に満足しきってはいけません。窮地に陥る会社は昔から、変化への適応や変化への素早い対応ができない会社だからです。

私たちは常に進化しています。競争相手よりもいつも一歩先んじていたいなら、私たちは絶えず変化し、変化を想定していなければなりません。ザッポスのイメージ、配送業務、ウェブサイトの全体的なデザインなどは他社がそっくりまねできますが、社員、企業文化、サービスはまねできません。さらに、

絶え間ない変化を歓迎することが私たちの文化の一部である限り、他社は私たちほど速く進化することはできません。

考えてみてください。どのように変化に備えて計画し、準備していますか。新たなチャレンジを前向きに捉えていますか。変化を促進、推進していますか。もっといろいろな変化がボトムアップで推進されるように、どう奨励していますか。直属の部下に変化を推進する権限を持たせていますか。ガバナンス・ミーティングに問題を提起してサークルの構造を改善し、変化を起こしていますか。

このコア・バリューを体現するために

- 独自の視点で考える。
- 現状や常識に異議を唱える。
- 混乱を心地よいと感じる。
- 全面的に実行する前に、新しいアイデアを試す。銃撃、それから大砲だ。

3 楽しさとちょっと変なものを創造する

ザッポスをほかの会社と違うものにしていることの一つが、ザッポスは楽しむことと、ちょっと変でいることに価値を認めていることです。ザッポスは会社然とした、退屈な大企業にはなりたくありません。自分たちを笑い飛ばせるようでいたいのです。日常業務に楽しさとユーモアの両方を求めているのです。

これは、私たちがすることの多くは、あまり型にはまらない、あるいは、かなり変わっているかもしれないことを意味しています。もっとも、クレイジーであるとか、極端に変であることは求めていません。望むのは、誰にとっても人生がよりおもしろく、楽しくなるような、ちょっとした突飛さです。私たちはザッポスに、記憶に残るユニークな雰囲気を持っていてほしいのです。

企業文化こそがザッポスに成功をもたらすものであり、この文化の中で私たちは自分たちの多様性や一人ひとりの個性を称え合い、歓迎します。ですから、みなさんには仕事で個性を発揮してもらいたいのです。外部の人たちには、一貫性がないとか、変わっていると受け取られるかもしれません。しかし、私たちが本来の自分でいられるときに、いちばん自分の力が発揮されると私たちが信じている点においては、一貫性があります。お互いのやりとりや仕事において、私たち一人ひとりが持っている、一風変わった面を出してほしいのです。

一風変わった面を表現するように奨励する副次的な効果の一つが、既成概念にとらわれない発想や、より革新性を持つように促されることです。ちょっと変でいることを、職場でほかのみんなも楽しく過ごせるように心がけることと組み合わせると、誰とでもウィン-ウィンの関係になります。社員は自分たちの仕事により熱心に取り組むようになりますし、会社全体がより革新的になります。

考えてみてください。ちょっと変で、ほかの人とは違う自分を出すために、何ができますか。楽しく、しかも一風変わった、どんなことができますか。あなたは自分の仕事をどのくらい楽しんでいますか。仕事をもっと楽しくするために何ができますか。同僚の仕事も楽しいものにするために、どんなことをしますか。

このコア・バリューを体現するために

- 平凡を非凡に変える。
- 明確な自己意識を持つ。
- ちょっと変なところをさらけ出す。

4　冒険好きで、創造的で、オープン・マインドであれ

ザッポスでは、全社を挙げて、みんなが勇敢で大胆な（しかし無分別ではない）ことが大事だと考えています。私たちは誰もが、リスクを取ることを恐れず、失敗することを怖がらずにいてほしいのです。失敗しないということは、必要なリスクを取っていないことを意味するからです。時とともに、私たちは全員に、仕事で決断を下す勇気を育ててほしいと思っています。意思決定能力を養い、高めていってほしいのです。失敗から学ぶ限り、私たちは失敗を奨励します。

私たちは、これまでのやり方でしているということだけを理由に、自己満足にひたり、現状維持を受け入れることは、絶対にしたくありません。常に冒険を求め、新たな可能性を追求して、楽しむべきなのです。自由に創造的な解決策を編み出すことで、私たちは自ら幸運をつかみます。私たちはオープンな心で状況と課題に向き合います。

冒険心と創造性ゆえに、私たちは型破りな解決策を編み出すことがあります――なぜなら私たちには、既成概念にとらわれずに物事を考える自由があるからです――が、そのおかげで、私たちは競争を抜け出し、一歩先んじていられるのです。

考えてみてください。ちゃんとリスクを取っていますか。失敗することを恐れていますか。居心地の

良い場所に甘んじずに、そこから外へ踏み出していますか。取り組んでいる仕事に、冒険心や創造性が発揮されていますか。あなたがザッポスで貢献できる、クリエイティブなこととは何ですか。オープンな心で状況と課題に向き合っていますか。

このコア・バリューを体現するために

- リスクを取ることを恐れない。
- より大きく考える。
- 失敗することを歓迎する（そして失敗から学ぶ）。
- 起業家のように振る舞う。
- ロール（役割）や仕事について、サークルの目的と会社の目的を支えるような、最善の決断を下す。金銭的なことは考えるべきではなく、決定的な要因でもない。

5　成長と学びを追求する

ザッポスでは、社員が個人的にも仕事の上でも成長することが重要だと考えています。絶えず挑戦し、自分の能力を伸ばすこと、また自分が成長しているとか学んでいるとか感じられない仕事に、縛られないことが重要なのです。

私たちは、社員はみなそれぞれ、自ら気づいている以上のポテンシャルを秘めていると信じています。私たちのゴールは、社員が自分の潜在的な力を解き放つ手伝いをすることです。しかし、そのためには、一体となって取り組まなければなりません。あなたの力を解き放つには、あなた自身が挑戦したい、自分の能力を伸ばしたいと思わなければならないのです。

あなたが数カ月以上ザッポスにいるなら、一つ明らかにわかることは、ザッポスが成長しているということです。私たちは新たなチャレンジのたびに成長しており、また私たちが成長しているために、さらに新たなチャレンジに立ち向かうのです。終わりのないサイクルですが、これが企業が生き残る唯一の方法であり、大事なことです。しかし、時折リスキーで、ストレスが多く、ややこしく感じられるかもしれません。

時には、私たちが前からある問題を解決するのと同じくらいのスピードで（あるいはさらに速く）、新たな問題が持ち上がるように見えるかもしれませんが、それは私たちが前進している——私たちがより優れ、強くなっている、ということを意味しているだけなのです。私たちと競争したい企業は、私たちと同じことを学ばなければなりません。つまり問題とは、進んだ距離を示す印にすぎないのです。一つ超えるごとに、私たちはより進歩しているということです。

しかし、どんなに成長しても、私たちは常に、懸命に努力しなければなりませんし、けっして終わりはなく、「あるべき姿に到達する」こともけっしてありません。

ネガティブに聞こえるかもしれませんが、そうではありません。私たちは「あるべき姿に到達する」ためにベストを尽くし、状況が変わったら、またベストを尽くすのです。それが成長のサイクルであり、好むと好まざるとにかかわらず、そのサイクルは止まらないのです。

難しいことです。しかし、私たちがもし努力しなければ、ビジネスは立ち行かなくなるでしょう。ライバルに圧倒されずにいられる唯一の理由は、私たちが取り組んでいるのが難しいことであり、私たちは誰よりもそれをうまく行っているからなのです。もしそれがあまりに簡単なことであれば、私たちを押し流す大きな競争の波を招くことになるでしょう。

自分たちが何をしているのか、わからないような気がするときがあるかもしれません。実際、それは本当です。私たちにはわからないのです。それは少々怖いことですが、ほかの人たちも、私たちが何をどうしているのかわからないのだと知れば、安心できます。もし、ほかの人にわかっていたら、彼らがインターネットで一番人気のシューズショップになっているでしょう。たしかに、私たちが以前していたことを部分的にまねている人たちもいますが、私たちがザッポスで何年にもわたって学んできたことは、「悪魔は細部に宿る」ということです。そして、私たちが新境地を開拓しているのは、そこなのです。

つまり、私たちが活動している分野では、私たち以外に専門家はいないのです。私たちは、実践しながらエキスパートになっているのです。そしてザッポスに入社する誰もが、新しいことを学び、新しいことに適応し、新しいことを理解する最高のノウハウを会社にもたらすことができるのです。それがザッポスの成長を助け、そのプロセスの中で、彼らもまた自分自身を成長させていくのです。

考えてみてください。人として、あなたはどのように成長していますか。プロフェッショナルとして、あなたはどのように成長していますか。昨日より今日のほうが、人として進歩していますか。同僚や直属の部下を、どのように仕事で成長させていますか。あなたはどのようにチャレンジし、自分の能力を伸ばしていますか。毎日何か学んでいますか。あなたが目指すビジョンは、どのようなものですか。会社全体をどのように成長させようとしていますか。会社の成長を促すためにあなたができるあらゆることをしながら、また同時に、ほかの人が成長について理解できるように手助けしていますか。あなたは会社のビジョンを理解していますか。サークルの目的を理解していますか？

このコア・バリューを体現するために

- 物事の仕組みに興味を持つ。
- 飽くなき向上心を持つ。
- 独学して自己評価をする。
- 互いに刺激し合い、助言し合う。

6 コミュニケーションにより、オープンで誠実な人間関係を築く

基本的に、私たちはオープンさと誠実さが最高の人間関係を生み出すと信じています。なぜなら、それが信頼と信用につながるからです。私たちは、マネジャー、直属の部下、(社内と社外の)顧客、取引先、ビジネスパートナー、チームのメンバー、同僚といった、あらゆる領域での強い絆を重要視しています。オープンかつ誠実で強く前向きな関係は、ザッポスをほかの大多数の会社とは違う存在にしている、特に重要なものです。強い絆が私たちに成し遂げさせてくれることは、絆なしでもできるであろうことを超えています。

強い絆を持つために大切な要素は、気持ちのつながりを育むことです。人間関係において常に正直に行動し、思いやりを持ち、気さくで、誠意を持ち、すべきことをするように気を配り、人間関係を大切にすることが重要です。信頼の構築は最も難しいことですが、信頼があれば、はるかにたくさんのことを成し遂げられます。

どのような関係でも、良い聞き手でいることは、良いコミュニケーターでいるのと同じく大事なことです。オープンで誠実なコミュニケーションは、どのような関係においても一番の礎になります。

しかし、忘れてならないのは、あなたが何を話したか、何をしたかではなく、相手がどう感じたかが、結局は最重要になるということです。良い関係だと人に感じてもらうには、公私ともに「相手は自分の

ことを、心から気にかけてくれているのだ」とわかってもらわなければなりません。

ザッポスでは、考え方、意見、バックグラウンドの多様性を歓迎しています。あなたの人間関係が広く多様なものになればなるほど、あなたが会社に与えられるプラスの影響は大きくなり、あなたはますます会社にとって価値のある人になります。人間関係構築のためには、心に響き、オープンで、誠実なコミュニケーションがきわめて重要なのです。

会社が大きくなるにつれ、コミュニケーションの重要性は高まります。全員が、ザッポスが成し遂げようとしている全体像に、自分のチームがどうつながるかを理解する必要があるからです。

どの組織でも、どんなに良いコミュニケーションがとれていようと、コミュニケーションは常に脆弱な部分の一つです。私たちは全員に、丁寧で、申し分なく、心に響くコミュニケーションを促すように、いっそう努力してほしいと思います。

考えてみてください。あなたと一緒に仕事をすることを、ほかの人はどれくらい楽しんでいますか。その人たちとの関係を、あなたはどのように向上させられますか。日々一緒に働いている同僚だけでなく、それを超えた社内全体で、どんな新しい関係を築けますか。あなたと付き合いのある人たちを、どんなふうに「ワオ！」と驚かせますか。どうすればあなたの付き合い方を、もっとオープンで誠実なものにできますか。どうすればみんなとのコミュニケーションを、もっと上手にとれるようになりますか。

このコア・バリューを体現するために

- ほかの人のアイデアやインプットを進んで聞く。
- ポジティブな情報もネガティブな情報も透明にする。
- 人とつながりを持って、違いを理解する。
- テンション（理想と現実の間のひずみ）について話し合い、仕事に優先順位を付ける。つまり、ホラクラシーのルールに沿って行動し、ホラクラシーの憲法に従い、ホラクラシーを成立させるために最善を尽くす。

7　ポジティブなチームとファミリー精神を築く

ザッポスでは企業文化を非常に重要視しています。私たちはチームでもあり、ファミリーでもあるからです。私たちは気さくで、温かく、エキサイティングな環境を作りたいと思っています。私たちはアイデア、意見、ものの見方が多様性を持つように奨励しています。

最高のリーダーとは、模範を示して部下を指導し、チームリーダーであると同時にチームに従う人のことです。私たちは、一般に、最も良いアイデアや意思決定はボトムアップ、つまり、問題か顧客、あるいは両方に最も近い人から生まれると信じています。マネジャーの役割とは、障害を取り除き、自分の直属の部下が成功できるように支えることです。最高のリーダーとは、仲間を支援するサーバント（奉仕者）なのです。このようなリーダーは、自分が率いる人たちに奉仕します。

最高のチームメンバーとは、問題に気づいたら、チームや会社が成功するように、率先して行動を起こす人のことです。最高のチームメンバーは当事者意識を持って課題に取り組み、難問が生じるたびに、ほかのチームメンバーと一緒になって取り組みます。

最高のチームメンバーは、互いに、さらに出会った人たち全員と、ポジティブな影響を及ぼし合います。彼らは、あらゆる種類の皮肉な考え方や、ネガティブなやりとりを排除する努力をします。その代わりに、互いに、やりとりする相手が誰であろうと、ハーモニーを生み出す努力をする人なのです。

私たちは、最高のチームとは、一緒に仕事をするだけでなく、職場の外でも付き合うようなチームだと考えています。会社にとって最高に素晴らしいアイデアの多くは、職場の外でのインフォーマルな付き合いから直接生まれたものなのです。

例えば、ザッポスのカルチャー・ブックのアイデアは、オフィスの外でのカジュアルな話し合いから生まれました。

そして、私たちは単なるチーム以上の存在です。私たちはファミリーなのです。私たちは互いを信じ、互いを頼りにしているために、互いに見守り合い、互いに思いやり、互いに求められていることを超えたことをするのです。私たちは一緒に仕事をしていますが、一緒に楽しんでもいます。私たちの絆は、ほかの多くの会社に見られる典型的な「同僚」という関係を、はるかに超えたものなのです。

考えてみてください。あなたはどのようにして、チームワークをもっと後押ししますか。どのように、もっと多くの人が率先して行動を起こすように促しますか。どのように、もっと多くの人が当事者意識を持つように促しますか。ファミリーでありチームでもあるように思えるようにするために、あなたはチームメンバーに何ができますか。どうすれば、職場内でも職場の外でも、あなたはチームメンバーとさらに強い関係を築くことができますか。チームでありファミリーであるという感覚を、あなたの部署内だけでなく、社内全体に植え付けていますか。あなたは、肯定的なチームスピリッツの模範となっていますか。

このコア・バリューを体現するために

- 同僚以上の存在になる。
- 有意義な人間関係を築く。
- チームのことを考えるということは、メンバーのことを考えるということ。
- 会社が主催・後援するイベントに参加する（目標は、すべての時間の20％、すべてのイベントの20％）。
- 同僚があなたにいつでも声をかけられるようにする。
- 模範を示し、有言実行。

8 より少ないものから、より多くの成果を

ザッポスは常に、より少ないものから、より多くの成果を生み出してきました。私たちの付き合い方はカジュアルかもしれませんが、事業運営には集中しており、真剣です。私たちは、勤勉であることと、仕事を成し遂げるために特別な努力をすることが、良いことであると確信しています。

私たちはオペレーション（業務）の卓越性が大切だと信じていますし、私たちがするあらゆることに、常に改善の余地があると承知しています。つまり、私たちの仕事には、けっして終わりがないのです。競争相手（または将来の競争相手）に先んじるためには、私たちのオペレーションを少しずつ改善するのと同様に、変革し続ける必要があり、常に自分たちをより効率的にする努力をし、常に何かより良く行う方法を見つけ出そうと努めます。私たちは失敗を学習の機会として利用します。

私たちは改善することへの緊迫感を、絶対に失ってはなりません。私たちはけっして、「もう十分に良い」と甘んじたりはしません。なぜなら、「良い（グッド）」は「素晴らしい（グレート）」の敵だからです。しかも、私たちのゴールは素晴らしい会社になることだけでなく、世界最高のサービス企業になることだからです。私たちは自分たちの高い水準を決めて、それを超え、競争相手や自らへのハードルを絶えず上げていきます。

考えてみてください。どうすれば、あなたがしていることをさらに効率的にできますか。どうすれば、あなたの部署の効率化を進められますか。どうすれば、会社全体の効率化を進められますか。ザッポスの効率化のために、あなた個人はどんな手助けができますか。

このコア・バリューを体現するために

- 創意工夫でピンチを乗り切れ。
- より少ないものでやり遂げる。
- 行動あるのみ（勤勉は宝だ）。
- ホリデー・シーズンにヘルパーに入ったら、8時間電話応対して顧客を手助けする。

9 情熱と強い意志を持て

情熱は、私たちとザッポスを前進させる燃料です。情熱、強い意志、粘り強さ、緊迫感を、私たちは重視しています。

私たちが触発されるのは、自分たちがしていることと、自分たちの向かう先を信じているからです。私たちは「ノー」あるいは「そんなの絶対にうまくいかない」という答えを受け入れません。そうしていたら、ザッポスがそもそも設立されることもなかったはずです。

情熱と強い意志は、人から人へと広がるものです。私たちは、私たちがするあらゆることに対して、ポジティブで楽天的（ただし現実的）な姿勢をとることが良いと信じています。そうすることで、ほかの人も同じ姿勢をとろうと触発されるからです。

あなたと一緒に働いている人たちの誰もが、より大きな夢やビジョンに多大なインパクトを与えていると知り、そのインパクトを日々目にすることができれば、興奮するものです。

考えてみてください。自分の会社に情熱を感じていますか。自分の仕事に情熱を感じていますか。あなたは自分のしていることや、一緒に仕事をしている人が大好きですか。ここにいて幸せですか。あなたはやる気になっていますか。自分がしていることと、向かう先を信じていますか。この場所はあなたにふさわしい場所ですか。

このコア・バリューを体現するために

- 許可を求めるのではなく、自分で決めて行動し、後で許しを請えばよい。
- 「それはできない」という言葉をけっして信じない。
- 私たちのビジョンにとって正しいことのために、とことん戦う。
- 私たちのコア・バリューに基づいて判断を下し、私たちの文化を何よりも大切にする。

- ザッポス・カルチャーを守る。
- グラスフロッグ（ホラクラシーを支援するシステム）に示されている取締役会（board）の目的に沿って行動する。
- 私たちの４つのC――衣料(clothing)、カスタマー・サービス、会社のカルチャー、コミュニティ――をサポートし活気づける。

10 謙虚であれ

これまで私たちは急成長を遂げてきましたが、取り組まなければならないチャレンジが常に待ち受けていることは理解しています。そして、何が起ころうと、私たちは常にすべての人を尊重すべきだと信じています。

私たちが各自の、あるいはチームの成功を祝う一方で、横柄な態度をとったり、自分が人からこう扱われたいと思うのとは違う方法で人に接したりすることはありません。そうではなく、静かな自信を持って振る舞います。結局は、私たちの人格がおのずから雄弁に物語ってくれると信じているからです。

考えてみてください。自分の業績について語るとき、あなたは謙虚ですか。会社の業績について語るとき、謙虚ですか。大きな取引先と小さな取引先のどちらにも、彼らがあなたに払ってくれるのと同等の敬意を持って対応していますか。

このコア・バリューを体現するために

- 実績に対する自信は心の中で。
- 責任を持ち、間違いを認める。
- 自分が聞いてもらう前に、相手に耳を傾ける。

謝辞

1冊の本を出版することは、1つの村を築くようなものです。この2年、私たちのアイデアを形にするために本当に熱心に働いてくれた多くの人たちと、チームと会社の助けがなければ、実現しなかったでしょう。

私たちに賭けてくれて、普通とは違う試みをオープンな心で受け入れてくれた、出版業界のみなさんに感謝します。私たちのプロジェクトにチャンスを与えてくれたグレン・イェフェスとベンベラ・ブックスのすべてのパートナーに感謝します。私たちが選んだのは最高の出版社でした。

この本は、ほかのどんなビジネス書とも違います。私たちを信じてくれてありがとう。このリスクに一緒に飛び込んだことは、とてもやりがいのある旅になりました。業界の慣習を打ち破った出版チームが次にどこを目指すのか、楽しみでなりません。

特別な感謝を伝えたい人の名前を挙げさせてください。信じられないくらい素晴らしい編集者、ヴァイ・トラン。あなたの頭脳と専門知識と情熱に感謝します。私たちに多くのことを教えてくれて、この本を内側から強固なものにしてくれました。サラ・アヴィンジャー、ジェシカ・リエック、キット・スウィーニー、あなたたちの信じられないほどの忍耐とアートディレクションのおかげで、美しい本になりました。ジェニファー・カンツォーネリの力強いマーケティング・スキルに感謝を。アリシア・カニア、エイドリアン・ラング、レイチェル・ファレス、スーザン・ウェルテ、リア・ウィルソン、そしてチームのみんなが、この経験のすべてを効率化するために素晴らしい貢献をしてくれました。

ザッポスのCEO、トニー・シェイにも特大の感謝を。まさにセレンディピティでした。「本を出すのに、いくらくらいかかるの？」というあなたのちょっと変わった質問から……打ち合わせをして……企画を売り込んで……この本が生まれました。このプロジェクトに参加する機会を与えられたことは、いくら感謝しても足りません。私たちだけでなく、すべてのザッポニアンに対するあなたの信頼と信念は、驚くほど私たちを鼓舞しています。あなたは有言実行の人です。会社がどうあるべきかと指示するのではなく、私たち一人ひとりに会社をより良くする権限を与えています。

この本を実現するために私たちを信頼してリソースを提供してくれた社内のサポーターにも、心から感謝しています。私たちのチームに最初にチャンスをくれたのは、アラン・ラジャンとジョセフ・グルスマンです。思っていたより長い旅になったけれど、心強いサポートでした。タイラー・ウィリアムズ、あなたは素晴らしい人です。あなたの信頼を得られたことに、ただただ感謝しています。クリス・ピークは、市場ベースのダイナミクス（ＭＢＤ）の世界へと踏み出す私たちを応援して、助言を送り続けてくれています。ありがとう。

１００万回のありがとうをクリスタ・フォーリーに。ブランド・ビジョンの責任者として、人材獲得の責任者として、社外カルチャー・トレーニングの責任者として、あなたの血と汗と涙に感謝します……血は見なくて済むといいのですが。当初の計画や予想を超えて、あなたをこのプロジェクトに深く引きずり込んだけれど、ゴールまでの全力疾走のあらゆることがあなたのおかげです。私たちの考えの背中を押して、この本の中核を支えるために必要な洞察力を提供してくれました。あなたは最高よ。

この物語に参加してくれたザッポニアンのみなさん、ありがとう。すべての人の物語とインタビューを掲載することはできなかったけれど（すべて載せたかった）、みなさん一人ひとりが、現在の社員も、元社員も、未来の社員もすべての人が、この物語にとって同じくらい重要な一部です。私たちを信頼して時間と証言を提供してくれたすべての人に、あらためて感謝します。

スティーブン・バウティスタ、ローレン・ベッカー、ジョヴァン・ベルジュロン、ジョニー・ブロケット、レイチェル・ブラウン、ジョン・バンチ、ソール・デーブ、ホリー・デラニー、デブラ・デ・レオン、ジェフ・エスパーセン、ネッド・ファラ、クリスタ・フォーリー、ケリ・フランティック、ジム・グリーン、ジョー・グルスマン、デリン・ホーキンス、ミゲル・ヘルナンデス、オードリア・フーパー、トニー・シェイ、ステファニー・フーデック、アキ・イイダ、カトリーナ・ジャドコウスキー、ジェシー・ジュハラ、スコット・ジュリアン、モリー・ケトル、ジョン・クリコリアン、ティアニ・リー・マノア、ジェフ・ルイス、マリッツァ・ルイス、ジーン・マーケル、クリス・マティス、テリ・マクナリー、ヴェロニカ・モンタネス、ステファニー・モーラ、レイチェル・マーチ、アンドレ・ナルセス、ジェイミー・ノートン、マイク・ノーマート、ダニエル・オークリー、ローレン・パパート、ジェイミー・パーハム、クリス・

ピーク、メガン・ペトリニ、バーナ・プロヴェンザノ、アルン・ラジャン、レジーナ・レンダ、ロブ・シーフカー、ケリー・スミス、アイリーン・テトルー、マット・トーマス、シンディ・トレド、ジェームズ・ファン・ビューレン、ステファニー・ファン・ハッセルト、マッケンドリー・ウォーカー、スーザン・ウォーカー、ジョセフ・パトリック・ウォーレン、タイラー・ウィリアムズ、ダナ・ズンボ、ティア・スニガ、リョウ・ズン。誰か、名前が漏れていたらごめんなさい！

ダリン・コールドウェル、ピーター・ゴーント、デリン・ホーキンスのアートディレクションに特別の感謝を。この本にビジュアルな命を吹き込んでくれたクリエイティブの達人たちです。

法務、広報、財務のチームは、このプロジェクトに長い時間と、懸命な努力を注ぎ込んでくれました。クリスティーナ・ブルーマンド、ジョアンナ・ハス、イングリッド・ルウェリン、ジョン・マーフィー、ジェイミー・ノートン、スコット・シェーファー、ジェニファー・シュメリング。あなたたちはすべてのプロジェクトを支える柱であり、私たちのブランドの庇護者です。クリステン・シャッソー、ジーン・マーケル、そして、この本のロジスティクスを支えて協力してくれた素晴らしいニンジャに感謝します。

長年にわたりザッポスを多くの愛と支えで包んでくれているブランド、ベンダー、パートナー、コミュニティのみなさんに心から感謝しています。ラスベガスは、私たちがこの地を故郷と呼ぶことを許してくれました。この街にはたくさんの誇りがあります。私たちがこの素晴らしい街のほんの一部でいられることに、本当に感謝しています。

この20年、ザッポスに寄り添ってくれた大切なお客さまとファンのみなさん、ありがとうございます。みなさんのおかげで、私たちはもっともっと良くなろうと思うことができます。みなさんはザッポスの中心であり、私たちがやるすべてのことの中心です。みなさんがいなければ、ザッポスは存在しません。そのことが何よりもうれしいのです。そして、ザッポスの文化を支えて信じてくれる、アマゾンのパートナーに感謝します。

私たちと一緒にこのリスクを取ってくれた、アエビタス・クリエイティブ・マネジメントのパートナーとエージェントに感謝しています。なかでも、特に素晴らしい支えであり続けてくれる人の名前を挙げさせてください。ジャスティン・ブルッカート、シェネル・エキチ・モーリング、エリン・ファイルズ、チェルシー・ヘラー、デビッド・カーン、サラ・レヴィット、トッド・シャスター。

とりわけ大きな感謝を、マーク・ダゴスティーノと彼のエージェントのマドレーヌ・モレルに。マドレーヌ、あなたはこのプロジェクト全体を通じて、最高のアドバイザーでありリエゾンでした。マーク、私たちが最初に出会ったときは、こうして2年がかりの旅をすることになるなんて思わなかったわね。そして、私たちはこうして、やり遂げました！　愛のある仕事であり、とてつもなくやりがいがありました。あなたたちの時間、エネルギー、楽観主義、執筆、旅に、楽しい仲間としての交流に、大きな、大きな感謝を。あなたたちは素晴らしいパートナーであり、知性であり、今や私たちの親友で、ザッポスファミリーの一員です。愛してる！

最後に、間違いなく特別な感謝をみなさんに……そう、あなたに！　私たちの愛する読者のみなさん、このページまでたどり着いたみなさん。これからも常にリスクを取り続けてください。あなたのサービスを発揮して、チャレンジを追いかけてください。チャンスは、「ノー」ではなく「イエス」の先にあります。ビジネスでも人生でも、それが真実です。

デリン・ホーキンス
ケリー・スミス
ティア・スニガ
ザッポス「ＴＨＩＮＫ」チーム

おわりに

「素晴らしいブランドとは、永遠に展開し続けるストーリー」

というのは、私の好きな格言。

これは会社にも、コミュニティにも、街にも当てはまるよ。

だから私は、ダウンタウン・ラスベガスでの生活が楽しくてたまらない。

だから私は、ザッポスの冒険の次のステージに参加できることが楽しくてたまらない。


次に何が始まるのか、待ち遠しくて……

［著者紹介］

トニー・シェイ（Tony Hsieh）

台湾からの移民の両親を持ちアメリカで育つ。幼い頃から何度もビジネスを立ち上げる。ハーバード大学でコンピュータ・サイエンスを学び、オラクルに入社。オラクル在職時に共同創業したインターネット広告ネットワーク会社を、1999年にマイクロソフトに2億6500万ドルで売却（当時24歳）。アドバイザー兼投資家としてザッポスに加わると、その後CEOに就任。売上げがほぼゼロに近い状態から成長させる。2009年、アマゾンに買収されることを、独立した経営を認めることを条件に決断。創業からの一部始終を著書『顧客が熱狂するネット靴店 ザッポス伝説』で明かしている。その後、本社をラスベガスに移し、顧客、社員、コミュニティ、株主とすべての人の幸せを追求するビジネスに邁進している。「ラスベガス・ダウンタウン再開発プロジェクト」の共同創始者でもある。事業経営者では世界最大級のツイッターフォロワー（247万人超）を持つ。

ザッポス・ファミリー

ザッポスの社員たち

マーク・ダゴスティーノ（Mark Dagostino）

多数のベストセラーを世に送り出してきた、ノンフィクションの第一人者。

［監訳者紹介］

本荘修二（ほんじょう・しゅうじ）

本荘事務所代表。日米の大企業・ベンチャー・投資家等のアドバイザーを務める。多摩大学（MBA）客員教授。厚生労働省医療系ベンチャー振興推進会議座長。500 Startups、福岡県ほかの起業家メンター。BCG東京、米CSC、CSK/セガ・グループ大川会長付、米General Atlantic日本代表などを経て、現在に至る。東京大学工学部卒、ペンシルベニア大学MBA、早稲田大学博士。URL http://www.honjo.biz

［訳者紹介］

矢羽野薫（やはの・かおる）

会社勤務を経て翻訳者に。慶應義塾大学法学部卒。主な訳書に『ヤバい統計学』『ナンバーセンス』（CCCメディアハウス）、『マイクロソフトでは出会えなかった天職』（ダイヤモンド社）、『ワーク・ルールズ！』（共訳・東洋経済新報社）などがある。

ザッポス伝説2.0 ハピネス・ドリブン・カンパニー

2020年9月15日　第1刷発行

著　者———トニー・シェイ＋ザッポス・ファミリー＋
マーク・ダゴスティーノ
監訳者———本荘修二
訳　者———矢羽野薫
発行所———ダイヤモンド社
〒150-8409　東京都渋谷区神宮前6-12-17
https://www.diamond.co.jp/
電話／03･5778･7233（編集）　03･5778･7240（販売）
装丁＋本文デザイン—デザインワークショップジン
イラスト———市村譲
DTP———中西成嘉
製作進行———ダイヤモンド・グラフィック社
印刷———三松堂
製本———本間製本
編集担当———木山政行

ISBN 978-4-478-10820-8